新NISAで始める！ 年間240万円の配当金が入ってくる究極の株式投資

Xフォロワー15万人超！

配当太郎
HAITO TARO

CROSSMEDIA PUBLISHING

はじめに

「新NISA」と「配当株投資」は抜群に相性がいい

配当株投資とは、株を買って保有していれば、その企業が持ち株数に応じて利益の中から「配当金」を分配してくれる……という投資法です。

買った株を売買する必要はなく、優秀な企業の人たちが頑張って働いて業績を上げ続けてくれれば、配当金が入ってくるという仕組みです。

自分では何もしなくても、**買った株を持ち続けるだけで、利益を得ることができる**のですから、これほど嬉しいことはありません。

その魅力と底力を多くの人たちと共有するために、私は初の著書『年間100万円の配当金が入ってくる最高の株式投資』（2023年2月）を出版しました。

配当株投資は最高ですよ！

そんな思いを込めた第1弾では、配当株投資の基本的な考え方や心構えを中心にお伝えしましたが、第2弾となる本書では、**配当株投資が持つポテンシャル（潜在能力）の高さを存分に引き出すための実践編**をお届けします。

2024年1月から新NISA（少額投資非課税制度）がスタートしましたが、この新たな制度は配当株投資と親和性が高く、相性は抜群です。

私は配当株投資によって雪ダルマ式に利益が積み上がるイメージを「配当金ダルマ」と呼んでいますが、**新NISAは配当金ダルマを大きく育てるための有力な武器になる**と考えています。

詳しくは本文でお伝えしますが、配当株投資の持ち味をしっかりと理解した上で、新NISAを活用すれば、配当株投資と新NISAの「恩恵」をダブルで享受することができます。

私が本書を執筆した一番の理由は、次のような思いを抱いている人たちに、さまざまなアングルから配当株投資の進め方をお伝えして、「一緒に頑張っていきましょうね！」とエールを贈ることにあります。

①新NISAを使って、配当株投資を始めたい
②株式投資に興味があるが、大きなリスクは負いたくない
③給料とは別に安定した収入源が欲しい
④現在の貯蓄や年金では、老後の生活が心配
⑤配当株投資をやっているが、今後の進め方に不安がある

株式投資に絶対はありませんが、しっかりと戦略と戦術を立てて取り組めば、多少の凸凹はありながらも、着実に利益を積み重ねていくことができます。

そこが配当株投資の魅力であり、最大の持ち味だと考えています。

「年間240万円」の配当金は本当に可能なのか？

本書のタイトル『年間240万円の配当金が入ってくる究極の株式投資』に対して、

読者のみなさんの反応は大きく2つに分かれるのではないでしょうか？

年間240万円というのは、**単純計算で1カ月当たり20万円の配当金が入ってくる**ことを意味しています。

毎月の給料や年金の他に、月々20万円の収入があれば、私たちの生活は格段にラクになりますから、私はこれを配当株投資の「理想郷」と考えています。


この「1カ月あたり20万円の配当金」という理想郷について、初めて配当株投資の情報に触れる人であれば、「そんなことができるのか！」とか、「それはすごいな！」とビックリすると思います。

その一方で、株式投資の知識や経験がある人の場合は、次のように考えているはずです。

「そんなの絶対に無理だよ。普通に考えて、**利回り3～4％だとしたら、投資額で6000万円から8000万円は必要になる。**そんな莫大なお金を用意できるわけがない」

1カ月当たり20万円の配当金という理想郷にロマンを感じる人もいれば、単なる夢物語と考えて、冷ややかに見ている人もいると思います。

第1弾の著書『年間100万円の配当金が入ってくる最高の株式投資』を出版した際にも、ブックレビューやX（旧ツイッター）で、同じような意見が寄せられました。

「年間100万円の配当金を得るためには、3000万円以上の投資が前提になるから、大金持ちでなければ不可能だ」

株式投資の経験がある人ほど、否定的な見方を持っているようですが、こうした考え方をしてしまう原因は、**配当株投資の最大の「チャームポイント」を見落としていること**にあります。

「増配」という強い味方が存在する

年間240万円の配当金を得る場合、現在の株価ですべてを賄おうとすれば、単純計算で6000万円以上が必要になりますが、配当株投資には、**企業による「増配」という強い味方が存在します。**

増配とは、株を買った企業が利益を上げて、株主に分配する配当金を増額することを指します。

この増配が、配当金ダルマを大きく育てるための「**成長エンジン**」であり、配当株投資の一番の魅力でもあります。

「そんなの絶対に無理だ」と考えている人の多くは、**増配の圧倒的な威力を見過ごしているる**ことに原因があります。

配当株投資とは、個人投資家の一番の武器である時間軸を活用して、最低でも10年くらいのスパンで考える株式投資ですから、現在の株価だけですべてを判断しても、あまり意味がありません。

配当株投資で大切なのは、「稼ぐチカラ」がある優秀な企業を選んで、①「**株を買う**」→②「**株を保持する**」→③「**株数を増やす**」……**の3つを継続していく**ことです。

その企業が安定的に業績を上げ続けて、株主に対してしっかりと配当金を分配してくれれば、多少の凸凹はありながらも、「増配」の恩恵を受けることができます。

これが「成長エンジン」となって、配当株投資を前進させることになります。

配当金を増やしていくためには、①「**自己資金による追加投資**」②「**配当金からの再投資**」③「**企業による増配**」……という3つの「エンジン」を、自分のライフスタイルに合わせて回転させることが重要ですが、この3つのエンジンが三位一体となって機能するため、増配の爆発力を見逃している人が多いように感じています。

本書では、意外に見えにくい増配の「威力」を可視化するためのシミュレーションを掲載して、増配の意味と意義を解き明かします。

結論を先にお伝えしておくと、新NISAを活用して、3つのエンジンをフル稼働させ、優秀な増配企業に投資を続けていけば、年間240万円の配当金を得るための投資額は6000万円以上ではなく、**その2分の1や3分の1以下に圧縮することができます。**

個人投資家の最大の武器である「時間軸」を味方につけて、時間をかけて企業による増配の恩恵を受けていけば、年間240万円の配当金を得ることは、決して夢物語ではなく、実現可能性のあるリアルなチャレンジになります。

最後までお読みいただければ、6000万円というのは投資額ではなく、理想郷を手に入れたときの「資産額」であることが理解できます。

年間配当金の「目標額」を設定する

本書では、年間240万円の配当金を得るための具体的なメソッドと取り組み方を紹介しますが、配当株投資で大切なのは、自分のライフスタイルに合わせて無理なく継続できる仕組みを持つことですから、**必ずしも理想郷を目指す必要はありません。**

それぞれの考え方や金銭事情に応じて、自分に合ったスタイルで取り組むことが重要であり、新NISAを活用して、第1弾でお伝えしたように年間12万円（1カ月当たり1万円）の配当金を目指すことにも、大きな意味と価値があります。

どんなスタイルであっても、配当株投資で大事なのは、**自分が目指すべき年間配当金の「目標額」を明確に定めて、その達成に向かって突き進む**ことです。

漠然と「少しでも収入を増やしたい」と考えるのではなく、ハッキリと目標を設定して、それをクリアしていくことがモチベーションの維持に直結します。

ポイントは、自分が1年間に投資できる資金と相談しながら、**対前年比でどのくらい配当金を増やしていくか**……を考えることです。

仮に、10%を超えて配当金が増えていけば、その複利効果によって利益が積み上がり、配当金ダルマはドンドンと成長することになります。

複利とは、得られた利益を元本にプラスして、その合計金額を再投資して利益を増やすことを指します。

3つのエンジンを働かせて、「利益が利益を生む」状態を作り出せば、その期間が長くなれば長くなるほど、得られる利益も大きくなります。

これが「**複利効果**」と呼ばれるもので、年間配当金の目標額を明確に決めて複利効果を生み出すことは、効率よく利益を上げるための有効な手段となります。

年間30万円の配当金を得られたならば、翌年には10％アップの33万円を目指すなど、明確な目標を持っていれば、自分がやるべきことが明らかになり、淡々と株を買い進めるという行動につながります。

それを繰り返した先に、目標を達成できる日が待っているのです。

気になる増配銘柄の組み合わせ

配当株投資の基本は、「稼ぐチカラ」があり、その利益の一部をきちんと株主に還元する企業を選んで、継続的に株を買い進め、**持ち株数を増やしていくこと**です。

持ち株数が増えれば、企業はその数に応じて利益を還元してくれます。

企業がしっかりと稼いでいれば、株主に還元する配当金を増やしてくれます。

この増配こそが配当株投資の一番の魅力であり、目標を達成できるか否かのカギを握っています。

配当株投資で大切なのは、漠然と企業の増配をアテにして待つのではなく、**増配が**

期待できる企業を選び抜いて、その株を積極的に買い進めることにあります。

本書では、**注目に値する22の「増配銘柄」をピックアップ**して、現在のリアルな「稼ぐチカラ」はもちろん、将来における成長性への期待値をお伝えします。

さらには、**「どのような組み合わせで株を買い進めればいいのか?」**に着目して、手堅く鉄板を狙う「四天王」型や、「増配＋利回り重視」型など、4つの理想的な組み合わせパターンも紹介します。

本書が目指したのは、企業の増配を手に入れて、配当金ダルマが大きく成長させるための「仕組み作り」をお伝えすることです。

増配が期待できる有力企業を選び、年間配当金の目標額の計画を立てて、その達成に向かって突き進むことは、企業の増配を待つだけの「ディフェンシブ」(守備的)な投資を脱して、増配を自ら取りに行く「オフェンシブ」(攻撃的)で積極的な投資スタイルを手に入れることになります。

配当株投資には、こうした姿勢を貫くことが不可欠なのです。

2024年4月

配当太郎

本書は情報提供を目的としており、金融商品の購入を勧誘するものではありません。投資の最終決定並びに本書の活用は、ご自身の判断と責任で行ってください。なお、各企業の指標は、「ＩＲ ＢＡＮＫ」と「株探」のデータに基づいており、株価は２０２４年４月１日時点のものを使用しています。

第1章 「新NISA」だから実現可能！年間240万円の配当金生活

第2章 配当株投資の最大の武器「増配」の効果

第3章 年間12万円から240万円へ！ 配当金の賢い増やし方

第4章 増配が期待できる「厳選22銘柄」徹底検証！

第5章 これから投資するならどの銘柄？最高の「組み合わせ」パターン

第1章

「新NISA」だから実現可能！年間240万円の配当金生活

配当株投資を
上手に進める秘けつ

新NISAのメリットは「無期限」で「非課税」になること

配当株投資とは、個人投資家の武器である時間軸を活用して、最低でも10年くらいのスパンで株数を増やし、地道に利益を積み上げていく投資法です。

莫大な元手がある人ならば話は別ですが、ほとんどの場合は、ある程度の時間をかけて、コツコツと株を買い進めていくことが基本となります。

その効率をアップさせて、配当株投資を後押ししてくれるのが、2024年1月にスタートした新NISAです。

この章では、**新NISAが「どのような恩恵をもたらしてくれるのか?」**に焦点を当てて、配当株投資の上手な取り組み方をお伝えしていきます。

まずは、新NISAを活用するメリットを知ることが、配当株投資で成果を出すための第一歩となります。

新NISAには、積立・分散投資を目的とした一定の投資信託(ファンド)を対象とする「**つみたて投資枠**」と、上場株式やそれ以外の投資信託が対象の「**成長投資枠**」という2つの投資枠があります。

配当株投資では成長投資枠を活用しますが、つみたて投資枠にも共通する次の2つの変更点が、新NISAの注目ポイントといえます。

【変更点①】「非課税保有期間の無期限化」

【変更点②】「口座開設期間(投資に利用できる期間)の恒久化」

それぞれの特徴を、わかりやすく紹介します。

【変更点①】無期限で受け取る配当金に税金がかからない

「非課税保有期間の無期限化」は、私たちの利益拡大に直結するインパクトのある優遇措置です。

通常、株の売却益や配当金には、20・315%の税金(所得税・復興特別所得税

15・315％＋住民税5％）がかかりますが、証券会社などで申し込んだ新NISA口座で株を買って保有していれば、そこで**得られた利益は非課税**になります。

年間100万円の配当金を受け取る場合、新NISA口座以外の特定口座や一般口座では20万3150円の税金が引かれますが、**新NISAであれば100万円を丸ごと受け取ることができる**のです（図1参照）。

旧制度では、ロールオーバー（非課税期間終了後の口座移管）を除いて、成長投資枠の前身である一般NISAが5年、つみたてNISAには20年の非課税期間が設定

図1　受け取る配当金に無期限で税金がかからない

年間100万円の
配当金を
受け取るケース
従来の
特定口座の場合
20万3150円の
税金が引かれて
手取りは79万6850円に…
新NISA口座の
場合
100万円を
丸ごと受け取る
ことができる

されていましたが、新NISAには期限がありません。

受け取る配当金に「**無期限で税金がかからない**」という大きなメリットがあります。

【変更点②】期限設定が廃止され、生涯を通じて新NISAを活用できる

旧制度では、一般NISAが2023年まで、つみたてNISAが2042年まで……と利用期限が設定されていましたが、それが廃止されたことで、長期的なライフプランに沿った新NISAの活用が可能になりました。

永続的に活用できるため、**長期投資が前提となる配当株投資を進めるためには、大きなアドバンテージ**です。

極端なことをいえば、配当金を受け続けても、死ぬまで税金がかからないのですから、その効果は圧倒的です。

配当金ダルマが大きく育ってくれれば、非課税の効果が一段と高まりますから、モチベーションの維持につながります。

配当株投資にとっては、有利な環境が整ったといえます。

配当株投資で活用する「成長投資枠」の4つの注目ポイント

ここからは配当株投資で活用する「**成長投資枠**」にフォーカスして、その特徴をお伝えします。

新NISAの成長投資枠には、次のような4つのメリットがあります(図2参照)。

【メリット①】1年間に使える非課税投資枠は240万円

成長投資枠を使って株を買う場合には、非課税となる上限が年間240万円までと決まっています。

これは1年を通して株を購入した金額の累計となります。

旧制度の一般NISAの年間非課税枠は120万円でしたから、**年間の限度額が2倍に引き上げられて使い勝手が良くなりました。**

【メリット②】生涯で使える非課税投資枠は1200万円

新NISAを活用できる期間は恒久化されましたが、無制限に非課税投資枠が使えるわけではなく、生涯で使える上限額が1200万円と設定されています。

旧制度の一般NISAの上限600万円から、2倍に引き上げられました。

これは「生涯投資枠」と呼ばれるもので、非課税投資枠と同じく、株を購入した金額の累計でカウントされます。

資金的に余裕のある人は、この1200万円の生涯投資枠を最短5年で使い切ってしまう可能性もありますが（生涯投資枠1200万円÷年間非課税枠240万円＝5年間）、多くの人にとっては余裕のある上限ではないでしょうか。

1200万円の生涯投資枠を使い切っても、**株を保有している企業が配当金を出し続けてくれる限り、その恩恵を非課税のまま無期限で受け取る**ことができます。

【メリット③】生涯の非課税投資枠は再利用が可能

旧制度では、NISA口座で保有する株を売却すると、非課税投資枠の再利用ができませんでしたが、新NISAでは**売却して空いた分の枠が翌年以降には復活して、再び新NISAを活用することができます。**

子供の教育費や住宅購入などで、まとまったお金が必要になったときには、一部を売却してその資金にあて、余裕ができたら再び新NISAを使って投資を再開することができます。

自分のライフプランに合わせて、柔軟な活用が可能になりました。

【メリット④】「成長投資枠」と「つみたて投資枠」との併用が可能

旧制度では、一般NISAとつみたてN

図2 旧NISAと新NISAの4つの違い

	旧NISA(一般NISA)	新NISA(成長投資枠)
年間の非課税投資枠	120万円	240万円
生涯投資枠	600万円	1200万円
非課税投資枠の再利用	できない	できる
「つみたて」と「一般」の併用	できない	できる

ＩＳＡを同じ年に一緒に利用することは不可でしたが、新ＮＩＳＡでは、**成長投資枠とつみたて投資枠の両方の枠を同時並行で併用することができます。**

資金的に余裕があり、成長投資枠の利用が年間非課税投資額の２４０万円を超えそうな場合には、検討する価値があります。

大きくバージョンアップしたことで、**新ＮＩＳＡは資産形成に役立つ強力な「武器」になった**と考えています。

自分のライフスタイルやニーズに合わせた投資が可能になったことも、見逃せない変更点といえます。

新ＮＩＳＡの「注意点」はどこにあるのか？

旧制度と比較して、新ＮＩＳＡは格段に使いやすくなりましたが、それを上手に活用するためには、前もって注意しておくべきことがあります。

新NISAには、次のような2つの注意点が考えられます。

【注意点①】「損益通算」ができない

新NISAの「旨味」は、非課税枠が拡大され、その期限が無期限化されたことにありますが、こうしたメリットは利益が出て初めて享受できるものです。

株を持っている企業が配当金を出し続けてくれれば、ダイレクトに恩恵を受けることができますが、**「無配」（配当金なし）になると非課税のメリットはありません。**

その企業が無配になると、株価が大きく下落することもありますが、そうした状況で売却を考えた場合、特定口座や一般口座で利益が出ていたとしても、**それらの課税口座と「損益通算」（損失と利益を相殺すること）ができません。**

損益通算ができないことが、他の課税口座と大きく異なる点です。

【注意点②】確定申告で「損失の繰り越し」ができない

株式投資で損失が出た場合、確定申告をすれば、3年間の繰り越しで翌年以降の利益と相殺できる「上場株式等に係る譲渡損失の損益通算及び繰越控除」を受けることができますが、新NISAはこの控除を受けることができません。

新NISAでは、非課税口座で生じた損失は「ないもの」とみなされるため、**損失の繰り越しができず、税制上の優遇措置は得られない仕組みになっています。**

新NISAの一番の魅力は、非課税投資枠が大幅に拡大されたことにありますが、利益が上がっていなければ、非課税のメリットを受けることができず、損益通算や損失の繰り越しもできないため、何の恩恵も享受できないことになります。

企業の配当金があれば非課税の恩恵が受けられますが、無配が続いた場合は、何のメリットもありません。

利益が出なければ、新NISAの旨味は味わえない……。

これが新NISAを活用する際の最大の注意点といえます。

「ここがダメになったら、日本経済も終わりだな」と思える企業を選ぶ

「利益が出なければ、新NISAのメリットを活かせない」ということは、**利益さえ出れば、最大限にそのメリットを享受できる**ということです。

そのためには、現在も過去も業績が堅調で、多少の凸凹はありながらも、この先も配当金を出し続けて、増配の可能性も十分にある……と考えられる企業の株を買って持ち続け、持ち株数を増やしていくことが大切です。

新NISAの誕生によって、非課税投資枠が拡大され、永続的に非課税枠を活用できるようになったということは、配当株投資の成長エンジンである「**増配**」**の恩恵を受けるチャンスが大幅に広がった**ことを意味しています。

このチャンスを上手に活かすことができれば、新NISAと配当株投資の両方のメリットを最大限に引き出すことになり、利益を積み重ねていくことができます。

どうすれば、そんなことが可能になるのか?

大事なポイントは、「この企業がダメになったら、日本経済も終わりだな」と思えるような「**稼ぐチカラ**」+「**安定感**」+「**実績**」**のある企業**を選んで、その企業の株を買い進めて、持ち続けることです。

配当株投資は、あくまでも「投資」ですから、不測の事態が起こって、自分の思惑通りにはいかないこともたくさんあります。

大地震や大型台風などの天変地異によって経済活動がストップしたり、リーマン・ショックやコロナ・ショックのような予期せぬアクシデントが起こることもあります。

世界情勢や景気の変化によって、企業の業績が急下降することも普通にありますが、**そうした事態が起こっても、企業努力によってタフに切り抜けるような底力と実績のある企業を選ぶ**ことが大切です。

その代表的な銘柄として、私の第1弾の著書『年間100万円の配当金が入ってくる最高の株式投資』では、時価総額1兆円を超える圧倒的な「稼ぐチカラ」を持つ15の注目企業を紹介しましたが、これらの企業は現在も安定した業績を維持しています。

第2弾となる本書では、コロナ・ショックの影響を懸念して掲載を見送った有力企業が無事に難局を乗り越えたことを受けて、**新たに7社をプラスして、計22の「増配銘柄」の現時点の実力と今後の展望を紹介**します。

詳しくは、第4章でお伝えします。

「この企業の株ならば、一生、持ち続けられるな」と思えるような企業を選んで、自分の懐事情と相談しながら、**淡々と株を買い進めて持ち株数を増やし、それを辛抱強く持ち続ける**ことが、新NISAを活用

図3 有力企業の株を「買い増す」+「売らない」ことが大事

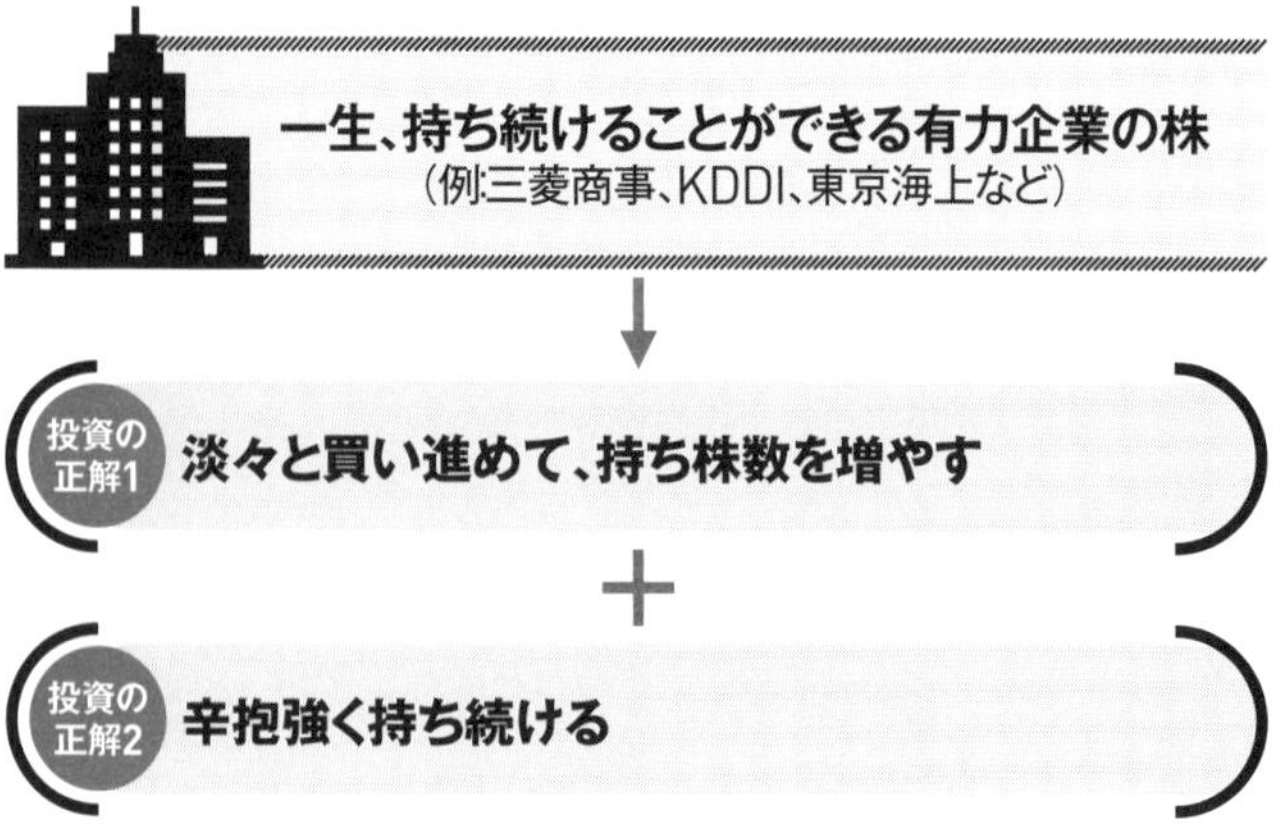
一生、持ち続けることができる有力企業の株
(例:三菱商事、KDDI、東京海上など)
投資の正解1
淡々と買い進めて、持ち株数を増やす
+
投資の正解2
辛抱強く持ち続ける

して配当株投資を成功させる秘訣です（図3参照）。

自分が信頼できると思って買った企業の株を、ガッチリとホールド（保持）することを、私は「**ゴリラ握力**」と呼んでいます。

配当株投資では、有力企業の株を買い進めて持ち株数を増やすことと同じくらい、ゴリラ握力で保持し続けることが大切です。

「ゴリラ握力」で持ち続けたい注目の4業種とは？

「稼ぐチカラ」＋「安定感」＋「実績」のある企業を選ぶ基準として、私は第1弾の著書『年間100万円の配当金が入ってくる最高の株式投資』の中で、次の4つの着眼点を紹介しました。

①参入障壁が高い4業種（銀行、商社、通信キャリア、保険）の企業

②業界の第1位か第2位の企業

③市場シェア3割以上の企業

④利益率が高い「ストック型ビジネス」の企業

こうした基準を満たす企業は、その多くが日本を代表するような有名企業であり、その株は「**大型銘柄**」と呼ばれています。

具体的な銘柄候補はこの後の章でお伝えしますが、私は次のような4つの業種が注目に値すると考えています。

この4業種に共通するのは、「**ストック型ビジネス**」をはじめとして、**いずれも利益率の高い事業を展開している**ことです。

ストック型ビジネスとは、長期利用を前提としたサービスを提供して、継続的に収益を得るビジネスモデルを指します。

【注目業種①銀行】

利益を積み上げて株主に還元する意識が高い

銀行業界は参入障壁が高いだけでなく、「お金」で「お金」を稼ぐという圧倒的な強みを持っていますから、日本の資本主義経済が続く限り、その「稼ぐチカラ」が大きく衰えることはないと考えています。

ここでいう銀行とは、「**メガバンク**」を指しており、地方銀行は含まれません。

地銀の場合、向こう10年間くらいで何らかの再編が起こって、好結果が生まれる可能性もありますが、現時点では未知数の部分が多いように思います。

メガバンクで注目しているのは、業界トップで三菱UFJ銀行を傘下に持つ「**三菱UFJフィナンシャル・グループ**」(**8306・証券コード:以下同**)と、第2位の三井住友銀行を傘下に収める「**三井住友フィナンシャルグループ**」(**8316**)です。

バブル崩壊(1991年)や、リーマン・ショック(2008年)では厳しい局面もあったメガバンクですが、無事に難局を乗り越えただけでなく、三菱UFJフィナンシャル・グループは、100年に一度といわれる2008年の金融不安の中で、米国モルガン・スタンレー(世界的な金融機関グループ)に出資して連結子会社「三菱UFJモルガン・スタンレー証券」を設立するなど、世界レベルのタフな腕力を示しています。

この両グループは、**現在も積極的な海外展開を進めており、利益を積み上げて株主に還元する意識も高いため、安定的な配当金の増加が期待できる**と考えています。

【注目業種②商社】

安定的に「稼ぐチカラ」を持っている

商社とは、輸出入貿易や物資の販売を業務の中心とする企業のことで、幅広い商品やサービスを扱う「総合商社」と、特定分野に特化した「専門商社」に分けられますが、ここでは総合商社を対象としています。

総合商社は、日本特有の業務形態とされ、海外の投資家の間でも「**SOGO SHOSYA**」と呼ばれて認知度が高まっています。

「投資の神様」と呼ばれる世界的に有名な投資家ウォーレン・バフェットが、**三菱商事（8058）**、**三井物産（8031）**、**伊藤忠商事（8001）**、**住友商事（8053）**、**丸紅（8002）**という5大商社の株を所有していることは、世界中に広く知られています。

2024年2月には、バフェットが「純利益の3分の1を配当に回し、内部留保の大半を事業投資や自社株買いに使っている」と**5大商社を絶賛**したことで、配当株投資の観点から見ても、注目度はさらにアップしています。

総合商社は、「ストック型ビジネス」のカテゴリーには入りませんが、先に商品やサービスを作らないとか、在庫を抱える必要がない……という意味では、他の3業種と共通した強みを持っています。

世界中で地下資源の「権益ビジネス」を展開していることも、総合商社の大きな特徴といえます。

その中でも、**業界トップの位置にある三菱商事は要注目の大型銘柄**です。

圧倒的な稼ぐチカラを持っているだけでなく、2024年1月に1株を3株に株式分割して、以前と比べて買いやすくなりました。

その安定的な稼ぐチカラから判断して、三菱商事は長期保有に適した銘柄の一つと考えています。

【注目業種③通信キャリア】

ストック型サービスを中心に高い収益力を誇る

通信キャリア業界は、スマホやケータイを中心に利益率の高い「ストック型サービス」を提供していますが、それを核として金融など幅広い事業にも手を広げており、高い収益力を誇っています。

2020年には、政府による通信費の値下げ圧力によって、大きく株価が下落しましたが、通信は日常生活に不可欠なサービスであるため、この先10年で収益力が大きく低下するとは考えにくく、引き続き利益を上げていくことが予想されます。

そのトップ3が、**NTT（日本電信電話・9432）**、**KDDI（9433）**、ソフトバンクグループ（9984）の子会社**ソフトバンク（9434）**です。**楽天グループ（4755）**は、モバイル事業が赤字続きのため、今後の動向に注目する必要があります。

【注目業種④損害保険】

構造的に利益を生み出す仕組みを持っている

損害保険業界は、契約者から保険料を徴収し、災害や事故、事件があったときに初めて契約者に対して保険金を支払う……という仕組みを持っています。

支払いが必要になるまでは、その保険料を他の事業などに運用することができるため、**構造的に利益を生み出しやすい業種**といえます。

ウォーレン・バフェットが代表を務める世界最大級の投資会社「バークシャー・ハサウェイ」社も、損害保険事業を中核としています。

現在の損保業界は、業界トップの「**東京海上ホールディングス**」(8766)、三井住友海上火災保険、あいおいニッセイ同和損害保険を傘下に置く「**MS&ADインシュアランスグループホールディングス**」(8725)、損保ジャパンを中心とした「**SOMPOホールディングス**」(8630)による寡占状態が続いています。

銀行業界と同じく参入障壁が高いため、新たな企業がこれらのメガ損保に食い込むのは、事実上、不可能に近い状態です。

損保業界にとってのリスクは、大災害や事故、事件によって巨額の保険金を支払うことですが、そうした不測の事態が起こった場合は、保険料の算定を変更することによって、また利益を生み出すことができます。

参入障壁が高いだけでなく、**価格転嫁力（保険料の値上げ）にも優れていることから、今後も大きな利益を生み続ける**ことが予想されます。

この4業種には、圧倒的な「稼ぐチカラ」があります。

減配や無配のリスクを避けながら、非課税の恩恵を受け続けて配当金ダルマを大きく育てていくためには、見逃すことのできない業種と考えています。

「どの企業の株を買うか？」で迷ったときの考え方

新NISAを使って、これから配当株投資を始める人であれば、どんな企業の株を買えばいいのか、迷うことも多いと思います。

そんなときは、**自分の日常や感情に引き付けて考える**ことが大切です。
そのアプローチ法には、次の2つがあります。

【考え方①】「なければ困る」サービスを提供している企業

自分が生活している上で、「これがないと困るよな」と感じるサービスを提供している業種の中から、トップ企業を選ぶことです。

・銀行がなくなると、生活が不便になる
・スマホが使えないと、連絡ができない
・クルマがないと、移動に支障がある

日常生活や仕事、趣味などで、「**絶対にこれが必要だ**」と思うようなサービスを提供している企業は、多くの人にとっても必要不可欠であることが多く、潜在的な需要もあるため、そうした企業は着実に利益を上げています。

日ごろから馴染みのあるサービスを提供している企業であれば、その動向や変化に気づきやすいというメリットもあります。

【考え方②】子供の就職が決まったら、素直に喜べる企業

あなたに大学生の子供がいたとして、「三菱商事に就職が決まったよ」と報告を受けたら、どのように反応しますか？

「商社なんて、この先どうなるかわからないから、やめておけ」という人はごく少数で、ほとんどの人は、「**いい会社に決まったね。おめでとう！**」と祝福するのではないでしょうか。

それは、NTTやトヨタ自動車、東京海上であっても事情は同じです。

誰もが社名を知っているような、日本を代表する大企業に就職が決まれば、「仕事が大変だろうな」と心配することはあっても、「**そんな会社は危ない！」と考える人は滅多にいない**と思います。

就職先というのは、ある意味では、人生を託す企業でもあります。

自分の大切な子供の人生を託せないような企業であれば、大事なお金を安心して託すことはできないものです。

こうした視点で考えれば、どんな企業の株を買えばいいのか、無理なく答えが出るように思います。

配当株投資の進め方は「農作業」の手順がお手本になる

これから配当株投資を始める人は、どのように取り組んでいけばいいのか、具体的なイメージが湧かない方もいるかもしれません。

配当株投資の進め方は、**農作業の手順と似ている**ところがあります。

野菜作りを例にあげて、配当株投資の上手な進め方をお伝えします。

あなたが野菜を作るとしたら、どのくらいの種類から始めるでしょうか？

野菜作りが初めてであれば、ネットや本で情報を集めたり、経験者に話を聞くなどして、育てやすそうな野菜を2～3種類くらい選んで、様子を見ると思います。
実際に野菜を作ってみて、その成果が得られたならば、次のステップとしてその**野菜の収穫量を増やす**ことを考え、それでも余裕があれば、**別の野菜にチャレンジする**ことを検討するのではないでしょうか。

配当株投資の進め方も、野菜作りと同じ手順で考えることが大切です。
最初に2～3の銘柄を選んだら、その持ち株数を増やすことを優先して、まずは収穫量（配当金）を高めることが重要です。

この段階では、あまり馴染みのない企業ではなく、先に紹介した4業種のような、日本を代表する企業の「**王道銘柄**」がいいと思います。

野菜作りでいえば、キュウリ、トマト、ナスなど、誰もが知っている品種であれば、その成長を楽しみながら待つことができます。

新NISAを活用して、これから配当株投資を始める方は、次のようなサイクル（循環）を先にイメージしておくことが大切です。

①育ちやすい野菜を栽培する(収益力の高い企業の株を保有する)
②実った野菜を収穫する(配当金を得る)
③野菜の収穫量を増やす(持ち株数を増やす)
④さらに多くの収穫を手に入れる(増配を得る)
⑤他の野菜の栽培に乗り出す(別の収益力の高い企業の株を保有する)

野菜を作ろうと思ってタネをまいても、すぐに収穫することはできません。日光に当てたり、水をやったりしながら、ある程度の時間がなければ、その野菜が食卓に載ることはありません。

配当株投資も同じで、**株を買って持ち続け、その企業が業績を上げて、増配を続けてくれることによって、自分の目標に到達することができます。**

配当株投資では、最初の段階で安定的な配当収入を得るための「**地盤作り**」を心がけることが大切です。

まずは、その地盤作りを徹底することが、配当株投資の第一歩となります。

投資額が増えるまでは銘柄数を増やさない

私の経験でいえば、純投資（資産額ではなく投資額）が1000万円前後になるまでは、**地盤作りとなる主力銘柄は3～5銘柄**、多くても10銘柄以内に抑えておくのがいいと思います。

銘柄数を限定しておけば、その企業の動向や業績を隅々までチェックすることができますから、無配や減配、破綻などのリスク回避につながります。

ある程度の配当金が入ってくれば、自己資金を新たに投入することなく、配当金を再投資することで、自分が面白いと思う銘柄に手を広げる余裕が生まれます。

そうした局面を迎えるまでは、配当株投資の地盤となる主力銘柄を置き去りにして、**あれこれと銘柄を増やすことは控える**必要があります（図4参照）。

配当株投資の地盤作りというのは、**安定した配当金を得られる大型銘柄を選ぶこと**

が大切であり、家を建てる際の「土台」と考えれば、イメージしやすいと思います。

土台がしっかりしていないと、強固な家を建てることはできません。

その土台の上に、同じように安定感のある銘柄で骨組みを作り上げれば、ちょっとした台風くらいではビクともしない、安心感のある家作りを目指すことができます。

自分が興味を引かれる銘柄というのは、家作りでいえば、テーブルやソファ、照明器具のようなものです。

家の土台や骨組みをガッチリと安定させる前に、「あのテーブルがほしいな」、「このソファもいいな」と目移りしていたのでは、

図4 配当株投資の「地盤づくり」成功の3ステップ

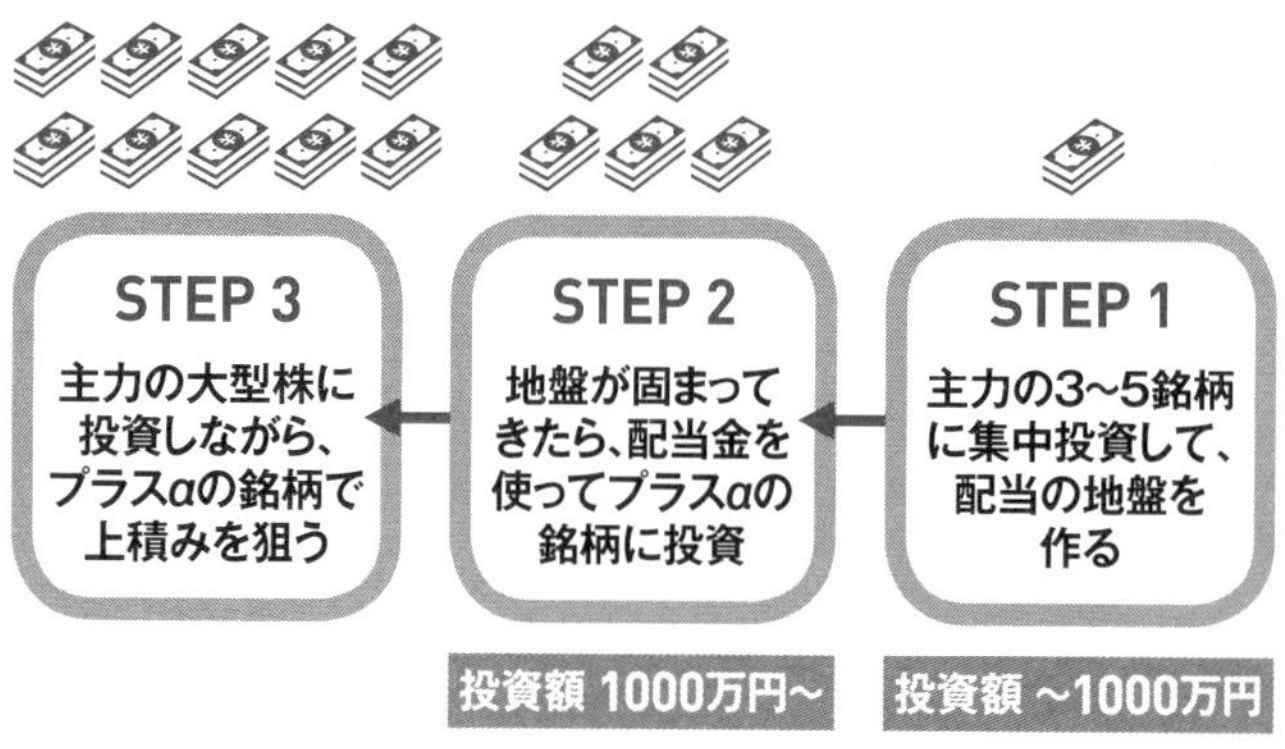
STEP 1
主力の3～5銘柄に集中投資して、配当の地盤を作る
STEP 2
地盤が固まってきたら、配当金を使ってプラスαの銘柄に投資
STEP 3
主力の大型株に投資しながら、プラスαの銘柄で上積みを狙う
投資額 ～1000万円
投資額 1000万円～

いつまで経っても頑強な家を建てることができません。

優先順位でいえば、テーブルやソファは家が建った後のお楽しみです。

インテリアの部分というのは、見方を変えれば、「市場の波に乗る」ということですから、それが投資の醍醐味になりますが、**しっかりとした家が建ってしまえば、インテリアや照明器具は毎年のように入れ替えることもできます。**

まずは焦らずに、しっかりと土台や骨組み作りを進めることが大切です。


家を建てる際と同じように、配当株投資の場合も、人によって収入や予算、資産が異なりますから、どんなサイズの家を建てるかはそれぞれ違いますが、地盤固めと骨組み作りが最優先の課題であることは同じです。

大事なのは、「安心」、「安全」、「安定」した地盤の上に、災害に強い強固な家を建てることです。

「この企業の株は地盤固めに必要だな」とか、「この銘柄はインテリアかな」とイメージしながら銘柄を選んでいけば、ムダな遠回りを回避することができます。

配当株投資では株の「管理」が大きな意味を持つ

「**投資額が増えるまでは、銘柄数を増やさない**」とお伝えしましたが、すでに配当株投資を始めている人の中には、無配や減配のリスクを分散させるために、20〜30銘柄どころか、50銘柄以上の株を保持している人も少なくないようです。

投資は自己責任ですから、銘柄数が多いことを否定するつもりはありませんが、あまりにも多くの株を所有してしまうと株の「管理」がきちんとできなくなり、それが「迷走」の原因になります。

株の管理は、配当株投資を進めていく上で重要な意味を持っていますから、その仕組みとポイントを整理してお伝えします。

配当株投資とは、「年間配当金」を増やすことを目的とした投資法です。

年間配当金は、次のような3つの要素で構成されています。

年間配当金＝持ち株数×〔1株配（1株当たりの配当額）＋増配〕

配当株投資では、主力銘柄を淡々と買い続けて「持ち株数」を増やすことが最優先の課題ですが、それと並行して、決算時に発表される業績などを確認して、**投資先企業の健康状態をチェックすることが大切**です。

企業が株主や投資家向けに業績や財務状況を開示する「決算」には、1年に一度の決算期に行う「**本決算**」と3カ月ごとに行う「**四半期決算**」があり、その内容はおおむね45日以内に「**決算短信**」として発表されます。

この他にも、投資判断に必要な情報を企業が自社のウェブ上で公開する「**企業ＩＲ**」などもチェックしておく必要があります。

これが、株を「管理」するということです。

私の場合は、ウェブサイトの『株探《かぶたん》』などで、3カ月に1回のペースで発表される「決算短信」に目を通して、「**投資先の企業が今どうなっているか？**」を知るようにしています。

チェックしているのは、次の4つのポイントです。

①「売上高」は企業が予想した通りに上がっているか?
②「営業利益」は伸びているか?
③「純利益」(利益から経費を差し引いた最終的な利益)は出ているか?
④「1株当たり利益」は出ているか?

「1株当たり利益」(EPS)とは、企業が「**1株ごとに、どのくらいの純利益を出しているのか?**」を見る指標です。

これらのデータによって、「この企業は増配になりそうだな」とか、「もしかすると増配は厳しいかもしれないが、減配はないだろう」など、自分なりの予想を立てて、今後の展開を考えたり、次の一手を検討したりしています。

株を管理することによって、その企業の現状や「増配」の可能性を予測することができますが、**相当に手慣れているか、時間的に余裕がある人でなければ、すべての企業**

を細かく管理するのは難しいように思います。

あまりにも銘柄数が多くなると、チェックの目が行き届かなくなり、どの株をどのくらい買い増していくか……という判断に影響が出ます。

そうした状態が続くと、自分が買っていない銘柄にあれこれと目移りすることになり、迷走を余儀なくされてしまうのです。

配当株投資で大切なのは、株を管理して企業の健康状態がわかったら、後は企業の優秀な経営陣や社員に「すべて任せた！」という気持ちで腹を決めて、次の3つの気持ちを強く持つことです。

①株を買って持ち続ける
②株を買い続けて、持ち株を増やす
③企業を信頼して、増配を信じる

配当株投資は、基本的には「**ほったらかし**」**であることが魅力**ですから、株の管理さえきちんとしたら、あとは余計な心配をせずに、仕事に集中するなり、家族との時間を楽しむなり、自分の趣味に没頭すれば、毎日の生活をエンジョイできます。

新NISAを上手に活かすことで、配当株投資の推進力が高まれば、その楽しさはさらにパワーアップすることになります。

次の章では、配当株投資の成長エンジンである「増配」の魅力と推進力について、詳しくお伝えします。

第2章

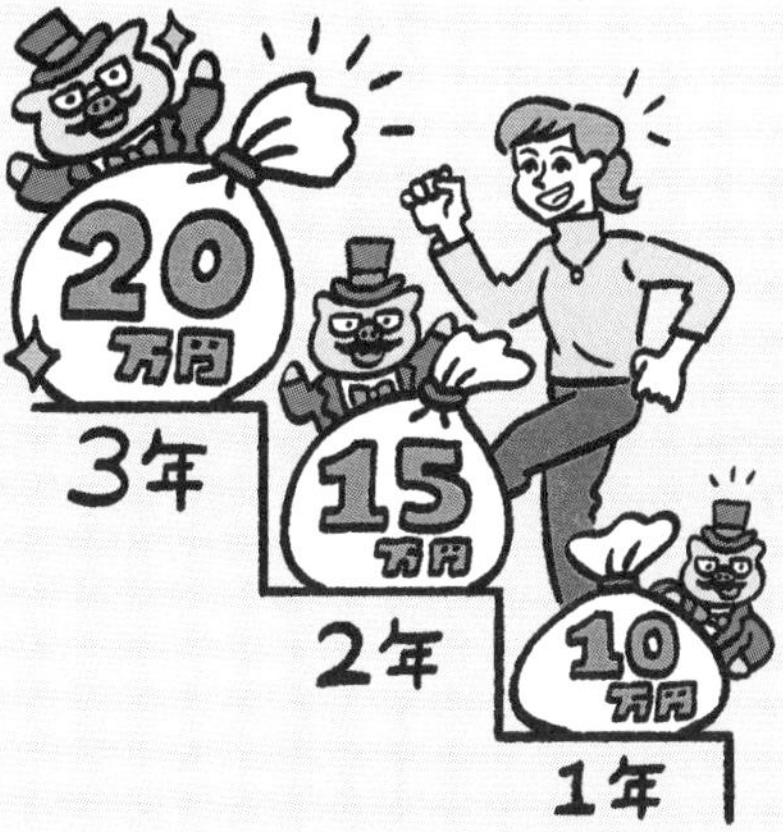

配当株投資の最大の武器「増配」の効果

自動的に配当金が増える仕組みとは？

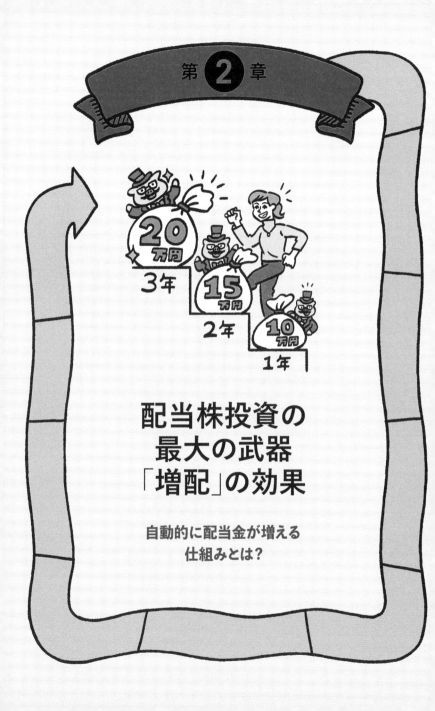

企業が増配すると どんな恩恵があるのか?

配当株投資の一番の楽しみであり、最大の醍醐味となるのが配当金の「**増配**」です。

増配とは、企業が持ち株数に応じて株主に還元する配当金を、前期よりも増額することをいいます。

企業の株を買って、**株を持ち続けるだけで、年間配当金が勝手に増えていく**のですから、これほど嬉しく、頼もしいことはありません。

新NISAを活用して、非課税の恩恵を受け続けるためには、「**いかに増配を手に入れるか?**」が大事なポイントとなります。

この第2章では、配当金ダルマを大きく育てるための「成長エンジン」の主軸となる「増配」に焦点を当てて、その魅力や注意点などを掘り下げます。

企業による増配には、大きく分けて3つの種類があります。

①「**普通増配**」企業の業績が良かったときに株主に還元
②「**記念増配**」創業何十周年など、企業が節目を迎えたときに株主に還元
③「**特別増配**」固定資産の売却など、特別な理由で利益が出たときに株主に還元

一般的に増配という場合は、①の普通増配のことを指します。

増配できるということは、その企業の業績が良かったことを示しており、企業が利益を出し続ける限りは、増配を期待することができます。

それが長く続けば、配当金ダルマはグングンと成長することになります。


増配する企業には、着実に増配を続ける企業もあれば、業績に応じて凸凹がありながらも増配する企業など、さまざまなパターンがあります。

配当株投資は、最低でも10年は続ける必要のある投資ですから、大事なのは過去10年前後を振り返ったとき、**1株配がどのくらい増えているか……を見ることによって、その企業の「増配力」を判断することです。**

企業が配当金を増配すると、どんな恩恵が得られるのか？

増配がもたらす効果を、簡単なモデルケースで紹介します（図5参照）。

現在、1株当たり10円の配当金を出している企業が、毎年1円ずつ増配を続けたとすると、10年後の配当金は2倍の20円になります。

この株を1株配10円のときに1万株買って持ち続けていれば、**10年後に受け取る配当金は2倍の20万円に増えている**ということです。

この間、企業は毎年1円ずつ増配していますから、最初は10万円だった年間配当金

図5 毎年1円ずつ増配した場合の配当金の増え方

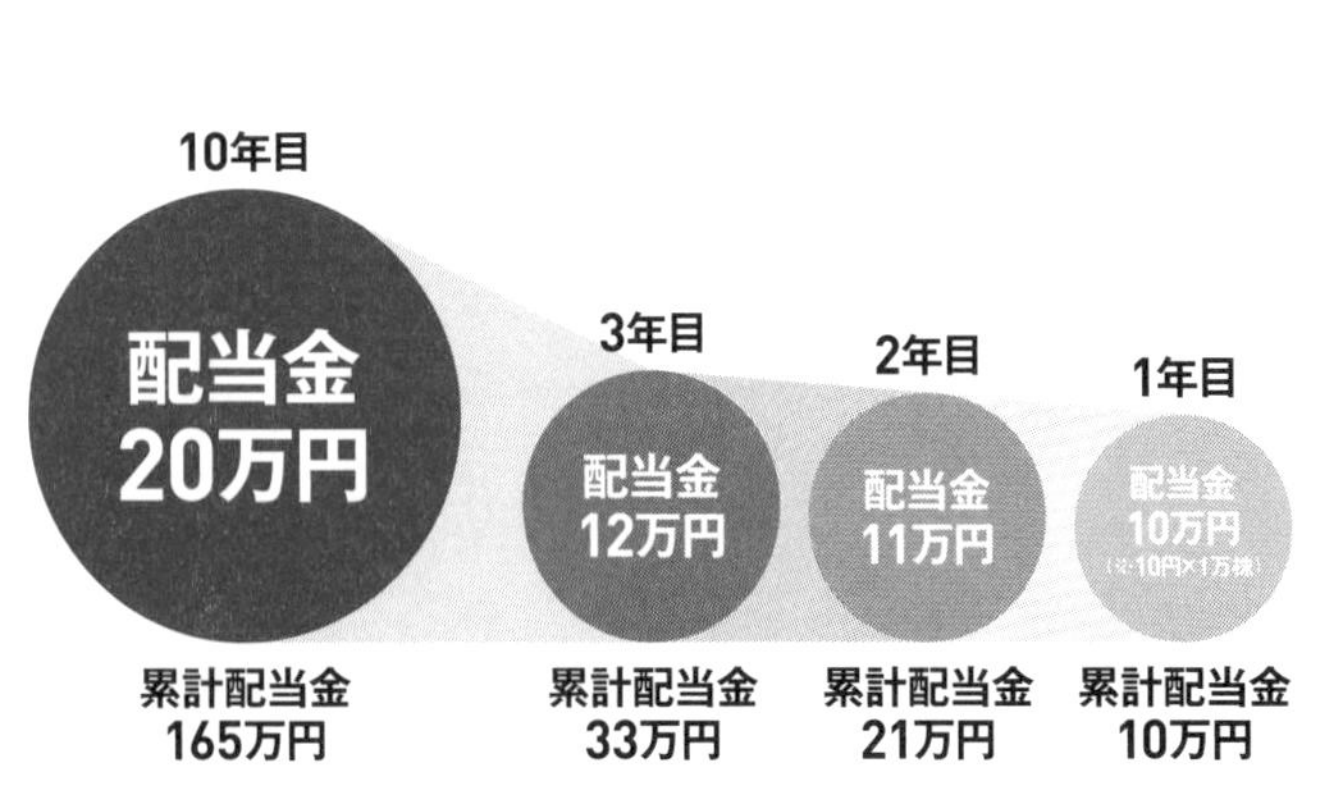

が、翌年は11万円、その次の年には12万円……と増えていって、毎年その金額を受け取りながら、10年後には20万円に達していることになります。

これが増配の恩恵であり、配当株投資の真骨頂といえます。

新NISAの「成長投資枠」を使えば、得られる配当金は無期限で非課税となるため、**総計165万円は丸ごと利益として受け取る**ことができます。

企業による増配を得ることで、新NISAの一番のメリットを存分に活かすことが可能になるのです。

「ゴリラ握力」で保持すれば増配の恩恵が受けられる

「配当株投資は最低でも10年は必要」というのは、短期間では増配の恩恵を十分に享受できないことに理由があります。

配当株投資を始めて、企業の株を買っても、最初からたくさんの「果実」（利益）を得ることはありません。

相当な特需でもない限り、株を買った翌年に1株配が倍になるようなことはなく、**基本的には1株益の上昇に応じて、緩やかに増配する**ことになります。

1株益とは、1株当たりの利益がどれだけあるかを示す値で、「当期純利益」÷「発行済株式数」（自己株式を除く）の計算式で求められる企業を評価する際の指標のひとつです。

株を買った当初から豊富な果実が実ることはなく、**その株をゴリラ握力でホールド（保持）していけば、その企業が業績を上げて配当金を出し続ける限り、増配の恩恵を受ける**ことができます。

増配のスピードが緩やかなため、その恩恵には気づき難い面もありますが、過去を振り返って、配当株投資を始めた頃の配当金と比較してみれば、恩恵の「ありがたさ」をリアルに実感することができます。

無配や減配といったリスクがありながらも、配当株投資を続ける理由は、まさに増配にあります。

第1章でお伝えした注目に値する「4業種」が、過去10年でどのくらい1株配が増加しているか、取得利回りが上昇したか……を見れば、**日本を代表する企業の大型銘柄が、着実に増配している**ことが理解できます。

取得利回りとは、株の購入額に対する配当金の割合を指します。

次に紹介するのは、2014年3月期から2024年3月期までの1株配の動きと増配率、取得利回りです。

【銀行】

①三菱UFJフィナンシャル・グループ（8306）

・1株配「16円」→1株配「41円」（**増配率2・56倍**）

・取得価格500円なら、利回り「8・2％」

②三井住友フィナンシャルグループ（8316）
・1株配「120円」→1株配「270円」（**増配率2・25倍**）
・取得価格3500円なら、利回り「7・7%」

【商社】

③**三菱商事**（8058）
・1株配「22・67円」→1株配「70円」（**増配率3・09倍**）
・取得価格600円なら、利回り「11・7%」

【通信キャリア】

④NTT（9432）
・1株配「1・7円」→1株配「5円」（**増配率2・94倍**）
・取得価格50円なら、利回り「10・0%」

⑤KDDI（9433）

・1株配「43・33円」→1株配「140円」（**増配率3・23倍**）
・取得価格1500円なら、利回り「9・3％」

【損害保険】

⑥東京海上ホールディングス（8766）
・1株配「23・33円」→1株配「121円」（**増配率5・19倍**）
・取得価格1000円なら、利回り「12・1％」

注目4業種の6つの銘柄の1株配を振り返ってみると、いずれも2倍以上になっています。
10年以上の時間をかければ、1株配が2倍から3倍近くになっていることは普通にあります。

目先の株価の動きに一喜一憂せず、長いスパンで配当株投資に取り組んでいけば、こうした結果を享受することが可能になり、増配の恩恵を受け続けることができます。

増配のインパクトは投資額が増えるほど大きくなる

配当株投資を始めた当初は、増配の恩恵を小さく感じるかもしれません。年間3万円の配当金を得られるようになり、仮に10％の増配があったとしても、増加額は3000円です。

この金額をどう考えるかには、個人差があると思いますが、配当株投資で大事なのは、**増配の効果が大きくなるまで、諦めずに株を買って、持ち続ける**ことです。

受け取る配当金が大きくなるにつれて、増配の効果も大きくなり、同じ10％の増配でも、配当金が100万円ならば10万円、200万円ならば20万円になります（図6参照）。

この10万円の増配分を自己資金の新規投入だけで賄おうとすると、配当利回り3％の銘柄でも300万円以上のお金が必要になりますから、企業による増配がいかに威力が大きく、いかに魅力的であるか……が理解できると思います。

こうした増配の恩恵を享受するためには、**持ち株数を増やしていく**ことが「マスト」の条件となります。

基本的に、株主還元に積極的な企業は増配する傾向にありますから、多少の凸凹はありながらも、業績が安定していて、株主に積極的に還元する企業の株を地道に買い進めていけば、投資額の増加に伴って、増配の恩恵を実感できる局面がやってきます。

その局面は、50万円→5万円、100万円→10万円など、それぞれの取り組み方によって異なりますが、ある程度まで配当金ダルマが育ってくれれば、わずかな増配で

図6 配当金が少ないうちは増配の効果を感じにくい

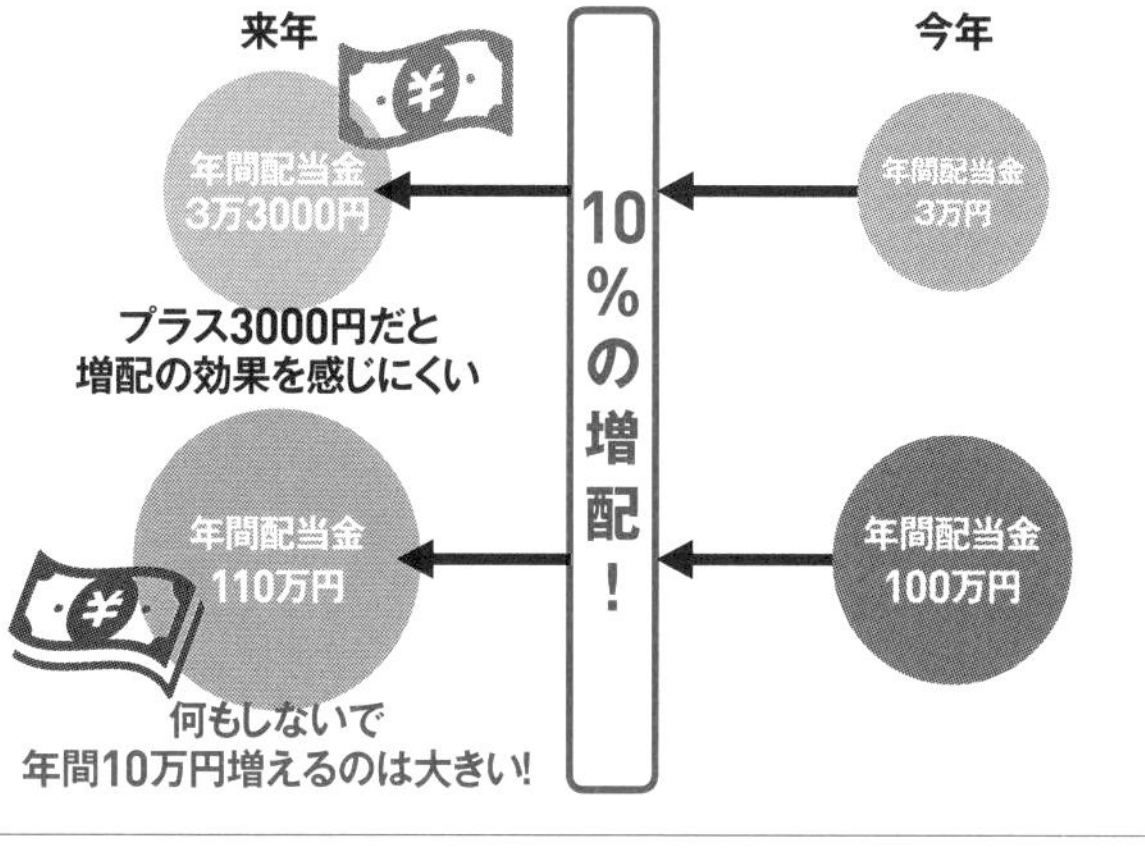

あっても、大きなインパクトを生み出します。

配当株投資で大事なのは、「**どの局面になれば、自分は増配のインパクトを実感できるのか？**」を具体的にイメージして、そこを目指して一歩一歩、着実に前を向いて歩み続けることです。

新NISAの非課税というメリットを活かしながら、そうした局面が来る日まで、コツコツと着実に持ち株数を増やしていけば、どこかのタイミングで、「あれ！ こんな金額になっているな」と思わず頬が緩む瞬間が待っているのです。

増配額の「小ささ」を甘く見てはいけない！

注目4業種の1株配の増加を見ると、三菱UFJフィナンシャル・グループが、「16円」→「41円」、NTTが「1・7円」→1株配「5円」など、小さな金額が並んでいるため、株式投資の経験がない人ほど、「**一度にもっと増えないものかな**」と考えてしまう傾向があるようです。

増配の「小さな金額」に惑わされてしまったのでは、配当株投資の本質を見誤ることになります。

大切なのは、**増配額ではなく、「増配率」で考える**ことです。

ここでも、「三菱ＵＦＪフィナンシャル・グループ」のケースで、増配率の意味を紹介します。

三菱ＵＦＪの１株配は、２０２３年３月期が「32円」で、翌年の２０２４年３月期には「41円」となっています。

増配の威力を理解していなければ、「**32円が41円になったところで、たいした金額ではないな**」と思ってしまうのではないでしょうか？

この金額を増配率で計算してみると、実に「**28％**」**という驚異的な数字**であることがわかります。

「28％」という増配率の凄さは、サラリーマンの年収で考えてみれば、そのリアリティが理解できます。

現在の年収が５００万円の人が、会社の社長から、「あなたは業績向上に貢献したから、年収を28％アップさせる」といわれたら、翌年の年収は６４０万円にハネ上がる……ということです。

現実的には30％近くも年収が上がるサラリーマンは滅多にいませんから、増配率を自分の生活に落とし込んで考えれば、そのインパクトの大きさがリアルに理解できると思います。

増配の役割は
成長のための「メイン・エンジン」

配当株投資の「成長エンジン」は、①「**自己資金による追加投資**」②「**配当金からの再投資**」③「**企業による増配**」……の３つですが、最も効果的で、最も「ありがたい」と感じられるのが企業による「増配」です。

企業による増配は、自分の財布を開ける必要がなく、そのパワーも圧倒的です。

3つの成長エンジンの馬力でいえば、企業による増配がメイン・エンジン、配当金からの再投資と自己資金による追加投資がサブ・エンジンとなります。

成長エンジンとしての増配のパワーを、注目4業種の配当金の推移で確認してみましょう。

前述の注目4業種の6銘柄を、それぞれ約100万円購入したとします。

2014年3月期に買って、配当金からの再投資や、自己資金による追加投資をせず、2024年3月期まで持ち続けた場合、受け取る配当金は次のように成長します。

【銀行】

①三菱UFJフィナンシャル・グループ(8306)

・持ち株数　2000株
・取得金額　100万円
・1株配推移　16円→41円

・**配当金推移　3万2000円→8万2000円**

②**三井住友フィナンシャルグループ（8316）**

・持ち株数　300株

・取得金額　105万円

・1株配推移　120円→270円

・**配当金推移　3万6000円→8万1000円**

【**商社**】

③**三菱商事（8058）**

・持ち株数　1600株

・取得金額　100万円

・1株配推移　22・67円→70円

・**配当金推移　3万6272円→11万2000円**

【通信キャリア】

④NTT(9432)

・持ち株数　2万株
・取得金額　100万円
・1株配推移　1・7円→5円
・**配当金推移　3万4000円→10万円**

⑤KDDI(9433)

・持ち株数　700株
・取得金額　105万円
・1株配推移　43・33円→140円
・**配当金推移　3万331円→9万8000円**

【損害保険】

⑥東京海上ホールディングス(8766)

・持ち株数　1000株
・取得金額　100万円
・1株配推移　23・33円→121円
・**配当金推移　2万3330円→12万1000円**

資金的に余裕のある人が、この6銘柄をすべて購入していれば、**当初約19万円だった配当金は、10年くらい経てば約60万円に増えています。**

これが、配当株投資の一番の醍醐味といえる増配の威力であり、その間に「配当金からの再投資」や「自己資金による追加投資」をしていれば、受け取る配当金はさらに増えているのです。

要注意！　企業が「増配」していればいいわけではない

企業による増配が配当金を増やす成長エンジンであるならば、「**増配している企業を**

選べば、配当金の増加が見込める」と考えるかもしれませんが、必ずしもそれが正解とはいえません。

日用品や化粧品の大手メーカー・花王（4452）のように、記録的な連続増配をしていても、あまり増配の恩恵を得られないケースがあるからです。

花王は1991年3月期以降、連続増配を継続しており、2024年12月期の配当予想「152円」が実施されれば、**35期連続の増配を達成**することになります。

これは自ら更新してきた連続記録を塗り替えて、日本の「連続配当ランキング」の第1位になるなど、花王は「増配企業」の代表格です。

・**配当金**　「70円」（14年12月期）→「152円」（24年12月期）
・**増配率**　2・17倍
・**配当利回り**　2・63％

株式投資の世界では、25年を超えて連続増配している銘柄を「**配当貴族**」と呼びますが、花王の過去10年の配当金を見ると、配当貴族というインパクトと比べて、その**内容は物足りない**ように思います。

先に紹介した注目4業種と比較すると、増配率2・17倍（予想）、配当利回り2・63％は見劣りします。

連続して増配はしているものの、増配の恩恵はそれほど多くはないため、「花王の株を買うならば、魅力的な銘柄は他にもある」と考えても不思議ではありません。

企業が増配する場合、業績が堅調で、企業の「稼ぐチカラ」（収益力・成長性）を示す1株益が上昇していることが大切ですが、花王の場合は、**2019年から1株益が減少しているにも関わらず、それと反比例して増配を続けている**状態です。

連続増配の背景には、増配によって株主を増やし、株価を維持しておかないと、M&A（企業の合併・買収）の際に不利になるという考えもあるのでしょうが、増配を続けることによって、配当性向（当期純利益に占める年間配当金の割合）が徐々に高まっており、「**企業の成長のための新しい投資をせず、増配の連続記録が目的化しているのではないか？**」という見方まで出ています。

いくら増配が続いても、**そこに業績や1株益の上昇が伴わないと、取得利回りが上がらず、増配の恩恵には結びつかない**こともあるのです。

「取得利回り」を上げるための2つのアプローチ

配当金ダルマを大きく育てるためには、取得利回りを上げることが大切ですが、そのためのアプローチには2つの方法があります。

一つは、これまでお伝えしてきたように、**安定感のある企業の株を買って持ち続けることによって増配の恩恵を受ける**こと。

もう一つは、**業績が堅調で株主還元も積極的な企業の株を、世界経済の影響などの外的要因によって下がったときに買う**ことです。

こうしたケースでは、配当利回りが跳ね上がる可能性が高いため、十分に増配の恩恵を受けることができます。

取得利回りが上がるのは、「**増配の恩恵を受け続ける**」か、「**株式市場の需給の関係で株価が下がったときに買う**」のどちらかですから、配当金ダルマを大きく育てるためには、淡々と株を買い進めることによって、この2つを上手に取り込んでいくことが大切です。

長期的に株を買い続けていくと、株価が大きく下がるような局面に遭遇することになりますから、そのときは一段ギアを上げて買うことを意識していれば、配当利回りの恩恵を即座に受けることができます。

配当株投資を始めると、「できるだけ株価が安いときに買いたい」という気持ちが芽生えますが、**株価が下がるのを待っている間に、企業が増配して、株価がさらに上がってしまう**……というケースは意外によくあります（図7参照）。

利回りを上げて配当金ダルマを大きく育てるためには、株価の値動きばかりに目を奪われるのではなく、「**自分が買えるときに買う**」→「**買って持ち続ける**」→「**その過程で株価が下がったら、さらに多く買う**」……という意識を持つことが大切です。

図7　株価が下がるのを待っている間に、逆に上がってしまうことが少なくない

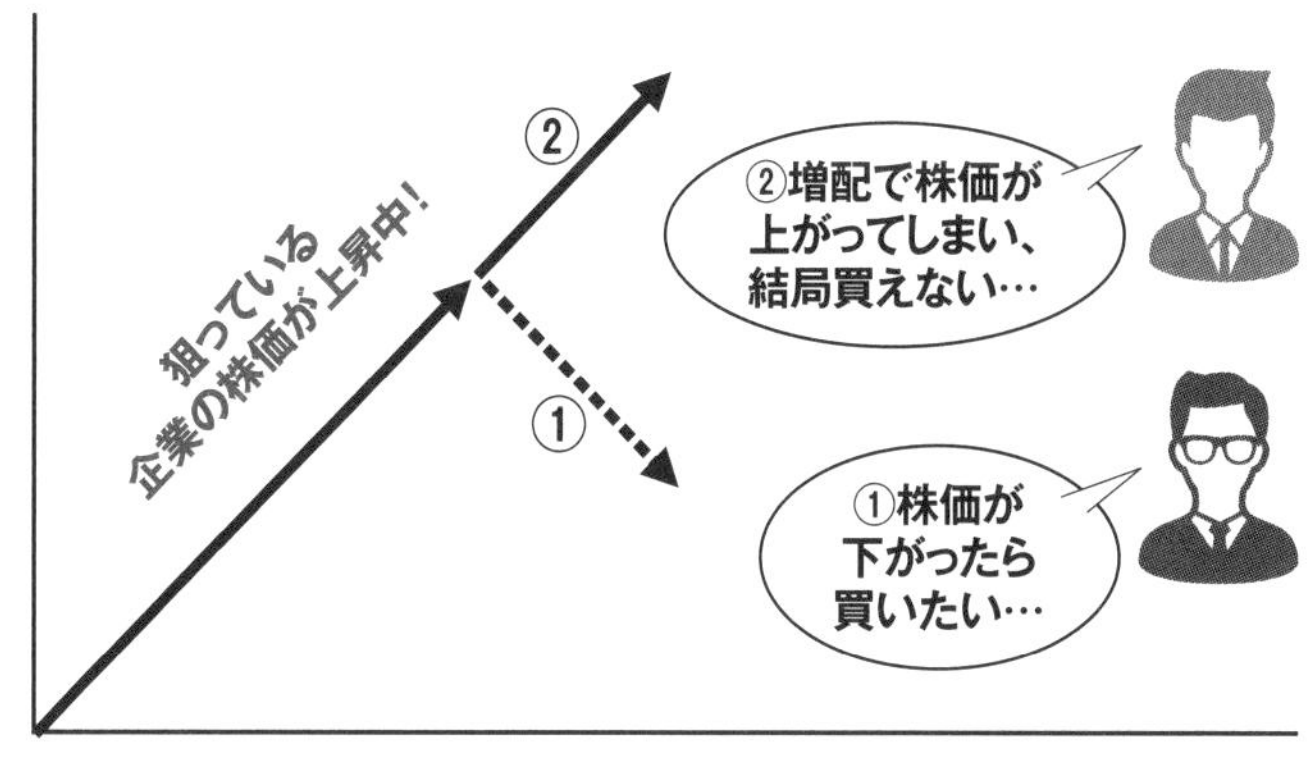
狙っている
企業の株価が上昇中！
②
①
②増配で株価が
上がってしまい、
結局買えない…
①株価が
下がったら
買いたい…

大事なのは「1株益の伸び」に注目すること

増配する企業には、大きく2つのパターンがあります。

花王のように、**「配当性向が高くなってもいいから、増配を続ける」**というパターンと、**「1株配の大事な原資となる1株益が、緩やかであっても、きっちりと上昇することで増配する」**というパターンです。

どちらが安定的な増配が見込めるか……といえば、これは一目瞭然で後者と考える必要があり、注目4業種をはじめとして、第4章で紹介する増配銘柄も、すべて後者のパターンに属します。

花王の場合は、「安定的・継続的な配当」という配当方針を掲げるなど、配当に対する意識が非常に高い企業ではありますが、**1株益が上昇しない状態で増配を続けているため**、配当性向が高い水準で推移しており、このまま増配が続くかどうかは、注視していく必要があります。

なぜ、注視する必要があるのかといえば、映像・事務機器メーカー「**キヤノン**」（**7751**）や、**日本たばこ産業「JT」**（**2914**）のような前例があるからです。

この両社は、どちらも日本を代表する有力企業として、多少の凸凹はあっても増配か維持を続けてきましたが、為替の円高傾向や市場の変化もあって、1株益が上昇せず、**キヤノンは2020年12月期に30期以上も続いた増配をストップさせ、JTも2021年12月期に、1994年に上場してから初めての減配をしています。**

この時期はコロナ・ショックの真っ最中であったため、大きなニュースになったことも記憶に新しいところです。

JTとキヤノンは、共に事業のグローバル展開に積極的で、きっちりと利益を出してきた企業ですから、為替の円安傾向もあり、現在は利益が回復して、1株益も上昇するなど、その後は復活傾向にあります。

これは私の個人的な見解ですが、**JTとキヤノンがコロナ禍に減配したことは「英断」**だと思っています。

業績が芳しくなく、市場が「**いつ減配するのか?**」と疑心暗鬼になっている状況の中で、無理をして増配を維持する必要はなく、減配という形で一度「膿《うみ》」を出したことは、企業として「健全」である証拠と受け取っています。

企業の減配には、思わず「なぜ?」と首をかしげたくなるケースもあります。

その代表例といえるのが、メガバンクでも地方銀行でもない大手銀行として知られる「**あおぞら銀行**」(8304)が、2024年3月期に**急転直下の「減配」を発表したこ**とです。

あおぞら銀行は、1998年に経営破綻した日本債券信用銀行が前身で、日本企業では珍しい「四半期配当制」を採用しており、**配当利回りが6%前後という「高配当株」**として、新NISAがスタートしてからも人気を集めていた銘柄でもあります。

2024年3月期には、当期純利益を240億円と見込んでいましたが、一転して

280億円の赤字となることを、2024年2月に発表しています。

それに伴って、株価が大暴落しただけでなく、配当金は年間「154円」を見込んで、四半期ごとに「38円」ずつとなるはずが、**第3と第4四半期は「0円」となったため、年間配当金は半分に「減配」してしまった**のです。

赤字転落と期末無配について、あおぞら銀行は、「アメリカのオフィス向け不動産のノンリコースローン（返済原資となる責任財産を限定したローン）の追加引当のため」と理由を説明していますが、その理由はどうあれ、**もっと早い段階で赤字転落をアナウンスすることは可能だったのではないか**……と疑いの目で見ています。

決算資料を読み込んでいる人であれば、「ちょっと、ヤバそうだな」とわかっていたくらいですから、経営陣がそれをわかっていないはずはありません。

こうした姿勢を目の当たりにすると、**株主を大切にしていないように感じられる**ため、私としては自分の大事なお金を託す気にはなれないと思ってしまいます。

あおぞら銀行は、これまでも1株益が上昇して高配当株になっていたわけではありませんから、見た目の良さだけで安易に飛びつくのは禁物です。

配当株投資の対象となるのは、**長期的に見て1株益が増加しており、それに伴って1株配も増加している企業**です（図8参照）。

新NISAを活用して、配当金を増やしていくためには、**連続増配に目を奪われるのではなく、1株益の伸びに注目することが大切**です。

1株益が増加していなければ、その投資がリスクになる可能性があると考える必要があります。

図8　連続して増配する企業の株は、すべて「買い」なのか？

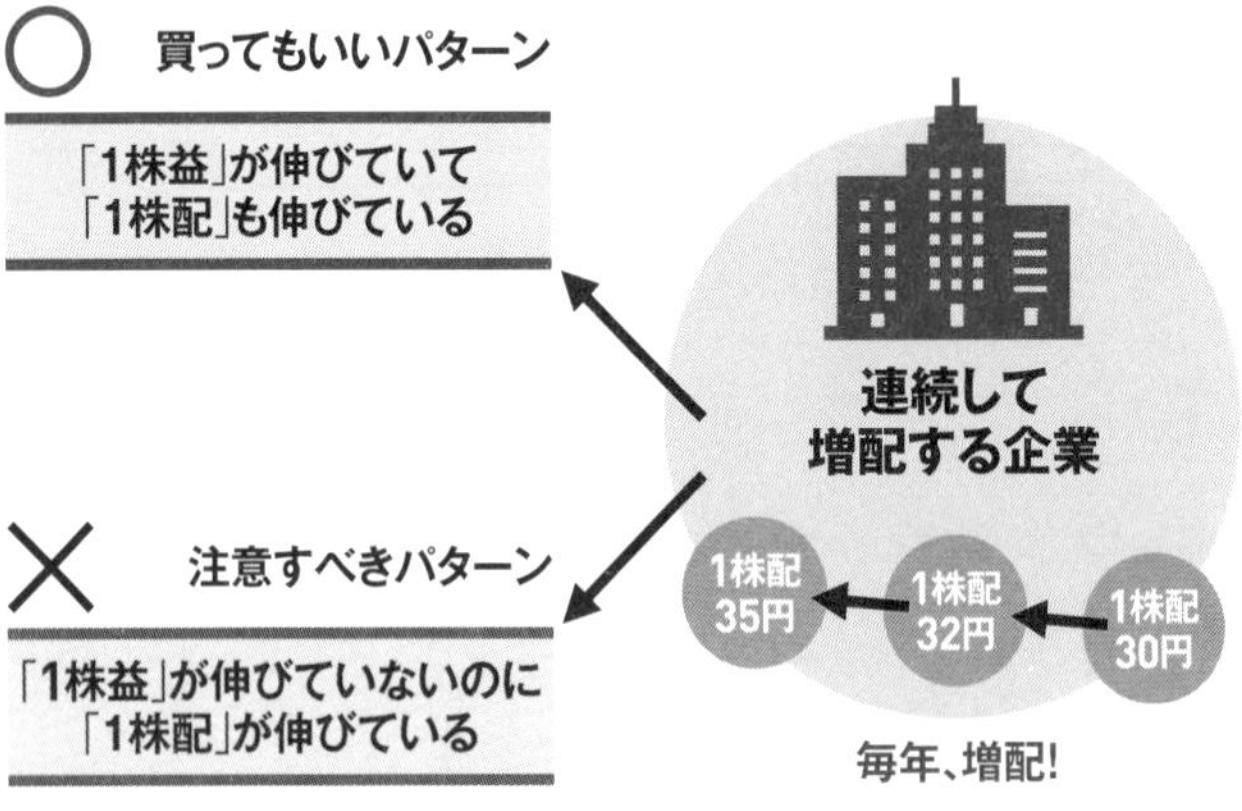

○ 買ってもいいパターン
「1株益」が伸びていて
「1株配」も伸びている
× 注意すべきパターン
「1株益」が伸びていないのに
「1株配」が伸びている
連続して
増配する企業
1株配 35円
1株配 32円
1株配 30円
毎年、増配！

「高配当株」を買っても増配するとは限らない

配当株投資を始めると、多くの人が「**高配当株**」**に**興味を持ちます。

高配当株とは、一般的に**年間配当利回りが4%を超える銘柄**を指します。

書籍や雑誌、ウェブ上には、高配当株を謳った記事が氾濫していますから、「高配当株を買っておけば、増配によって配当金が増える」と考える人も多いでしょうが、必ずしも期待通りにはいかないものです。

高配当株を否定するつもりはありませんが、**配当利回りが4%とか5%を超えるような高配当銘柄が、常に市場にあることに違和感**を感じています。

業績が堅調で、1株益が上昇することで増配を実現している企業であれば、市場が放置するはずがなく、買いが入ることによって株価が上がり、配当利回りが下がることになります。

場合によっては、業績が悪化していて株価が下がっていても、配当金を減配せずに出すことによって、高利回りになっている銘柄が「高配当ランキング」に入っていることもありますから、高配当株を買いたいと思うのならば、次のような4つの観点で、事前にチェックをする必要があります（図9参照）。

【チェック①】配当性向が高いことで、利回りが良くなっていないか？

1株益が上昇していないにも関わらず、1株配が高く、配当性向も高い場合は、**近い将来に減配する**可能性があります。

減配すると、株価が維持できたとしても、

図9「高配当ランキング」に注意すべき4つの理由

たまたま
その年だけ
特別増配したかも?
業績が良ければ
株価が上がり、
利回りは下がるはず!

みんな
大好き!

特需により
たまたま1株配が

業績が悪くても
無理して増配すれば、

上がっただけかも?
高利回りになる!

配当利回りも低下します。

多くの場合、株価も下落するという「二重苦」になりますから、その企業の還元策がなぜそうなっているのかを確認する必要があります。

【チェック②】株価が安値で配当利回りがいい理由は何か?

株式市場では、企業の成長性を見込みながら株価が形成されています。

株式市場から、1株益の上昇が見込められないと判断され、株価が低迷している状況で配当利回りが高い場合は、業種や業態を確認して、**今後の1株益がどうなるかを検討する**ことが大事です。

1株益が横バイであっても、利益の蓄積によって緩やかに株価が上がったり、どこかのタイミングで「見直し買い」(割安感のある株に買いが入ること)によって、株価が上昇するのが普通です。

そうなっていないのならば、何らかの理由があるはずですから、投資は控えた方がいいと思います。

【チェック③】その年だけ「配当予想」が高くなっていないか？

「記念増配」や「特別増配」など、**その年だけの配当によって配当利回りが高くなっていることもありますから、**株を買う前に必ず確認する必要があります。

その後の還元策が同じ水準であれば問題はありませんが、内容によっては株価が大きく下落する可能性があります。

配当利回りの高さだけで飛びつくと、意外な落とし穴があるので要注意です。

【チェック④】特需があって、1株配が高くなっていないか？

その企業の業績が著しく向上するような特需（特殊需要）があって1株配が増加し、配当利回りが良くなっている場合は、**その特需が終われば1株配は減少**します。

株価が1株配の下落を織り込んでいなければ、**株価の下落と1株配の減少というダブルパンチ**に見舞われることもあるので、冷静に確認しておくことが肝心です。

配当株投資を進める上では、株価と1株配を基準とした配当利回りを参考にするのは有効な考え方ですが、「**配当利回りが高いことには、何らかの理由があるのではないか?**」という視点を持って考えることが大切です。

高配当ランキングというのは、あくまで参考程度に考える必要があり、それを鵜呑みにするのは禁物です。

参考までに、2024年4月1日現在の注目4業種6銘柄の配当利回りを紹介しておきます。

【銀行】

①三菱UFJフィナンシャル・グループ(8306) 2・74%

②三井住友フィナンシャルグループ(8316) 3・14%

【商社】

③三菱商事(8058)2・05%

【通信キャリア】
④NTT（9432）　2・83％
⑤KDDI（9433）　3・14％

【損害保険】
⑥東京海上ホールディングス（8766）　2・62％

メガバンクであれば、「**配当利回り4％超は当たり前**」といわれた時代もありますが、現在はいずれの企業も3％前後の配当利回りとなっています。

2024年に入って株価が上昇しているため、配当利回りは全体的に低下傾向にありますが、今後の業績拡大の可能性や、各企業の積極的な還元姿勢を考えれば、このくらいの水準でもいいのかなと考えています。

配当利回りが3％前後のときに買って、10年くらい持ち続けたら、「取得利回り」が5％を超えていた……となれば、それだけで満足できるのではないでしょうか。

「電力会社」が投資対象にならない理由

配当金を増配する企業には、稼ぐチカラがあり、業績が安定していて、株主に利益の一部を還元する姿勢を貫いているという共通の特徴があります。

いくら稼ぐチカラがあっても、**利益を追求していく姿勢がなければ、増配を期待することはできません。**

その象徴的な存在といえるのが、東京電力や関西電力など、全国の各エリアにある**電力会社**です。

東京電力は現在、２０１１年に発生した東日本大震災による原発事故によって、実質的に国有化されている状況ですから、投資対象にはなりませんが、将来的に「復配」（株主に再び配当金を分配）することがあったとしても、投資対象にはならないと考えています。

それは東京電力に限らず、**すべての電力会社に共通する「構造的」な問題を抱えている**ことに理由があります。

電力事業のような公益性の高い業種は、大きく利益を出せば、国や利用者から「電気料金の値下げ」を迫られ、翌年の利益を圧縮せざるを得ない……という特殊な事情を抱えています。

配当金についても同様のことが起こり、業績好調で増配をした場合には、「**株主に増配できるほど儲かっているなら、電気料金を下げて利用者に利益を還元するべきだ**」という議論が巻き起こって、各方面から圧力をかけられることになります。

電力会社の場合は、利益が出るのは電気料金への価格転嫁に成功しているということですから、利用者の反発を買いやすい構造になっているため、今後も大きく増配するとは考えにくいのです。

この先、水道事業が民営化されて上場するようなことがあれば、同じようなジレンマに陥る可能性があります。

「PBR」が1倍割れ企業の株主還元に期待

増配する企業の見極め方として、私が注目しているのは、「PBRが1倍割れしている企業」の動向をチェックすることです。

PBRとは、「株価純資産倍率」と呼ばれるもので、次のような計算式によって求められます。

「PBR」（株価純資産倍率）＝株価÷1株当たり純資産（BPS）

PBRは、株価が「1株あたり純資産」の何倍の水準にあるかを示したもので、現在の株価が、企業の資産価値に対して「割高」か「割安」か……を判断する目安とされており、**その数値が低い方が割安**と判断されます。

これまでは、「PBR＝1倍」（株価と資産価値が同じ）が株価の底値と考えられてきましたが、PBRが1倍を下回っている企業は、東京証券取引所（東証）に上場している3300社中の約1800社もあることから、東証は2023年3月に**上場企業に対して異例ともいえる改善要請**をおこない、日本政府も早期是正に向けて、それを後押ししているというのが現状です。

PBRが1倍割れしている企業というのは、その**稼いだお金をうまく活用できずに、お金が貯まっている状態にある**……と見ることができます。

これまでは、それが問題視されることはなかったため、多くの大型企業がPBR1倍割れの状態にありましたが、東証の改善要請を契機に、「このままではマズイ」という危機感が生まれて、**各企業が改善に向けて動き出している**のです。

各企業にとって、**PBR1倍割れの改善は急務**となっており、今後はさらにそうした取り組みが加速することが予想されます。

PBR改善の動きをチェックして、増配を先読みしながら投資を検討することが、配当金ダルマの成長につながると考えています。

ＰＢＲ１倍割れの改善策の２本柱となるのは、**事業拡大のための「成長投資」**と**「株主還元」**ですが、超成熟企業であれば、業績にインパクトを与えるほどのイノベーション（技術革新・新基軸）は、そう簡単には起こらないため、**中心となるのは株主還元になる**ことが予想されます。

株主還元の方法には、**「自社株買い」**と**「配当」**の２つがあります。

自社株買いとは、上場企業が過去に発行した株を、自らの資金を使って買い戻すことを指します。

企業が自社株買いを実施すると、純利益に対する発行済株式総数（自己株式を除く）が減少するため、**１株益の上昇**につながります。

自己株式とは、企業が保有する自社株のことです。

大まかな流れは、「企業が自社株買いをする」→「１株益が上がる」→「ＰＥＲ（株価収益率）が下がる」→「割安感が生まれる」→「株が買われる」→「株価が上がる」……というプロセスを経て、ＰＢＲが１倍を超えることになります。

1株益が上がれば、企業は配当の原資を増やすことができるため、配当性向の基準を定めている企業であれば、**増配が可能**になります。

これが、自社株買いの効果です。

PBR1倍割れの改善策として、企業が増配を選択するというのは、貯まっているお金を有効に活用できていない状態のため、株主に還元することによって、資本の効率化を図ることを目的としていますから、**PBR1倍割れの企業というのは、株主還元に積極的になりやすい**……と見ることができます。

企業が自社株買いと増配のどちらを選択しても、私たち投資家にとっては、メリットが生まれる可能性が高くなるのです。

今年2月には、私が「最強を超える最高の企業」と考えて大注目している商社業界のトップ・**三菱商事**（**8058**）が「5000億円」というサプライズ級の自社株買いを発表して、市場や投資家を驚かせています。

ここまでのスケールは異例としても、今後も株主還元に積極的な企業が増えることを大いに期待したいところです。

増配の目処を立てることがモチベーションのアップにつながる

増配の恩恵を受け続けるためには、「業績」が堅調で、「1株益」が上昇傾向にある企業を選んで、その株を買って持ち続けることが大切ですが、もう一つ大事なのは、**過去10年ほどの増配率を確認して、その傾向を把握しておく**ことです。

その企業の増配力を大まかに理解しておけば、この先の配当金の目処が立てやすくなり、配当株投資のモチベーションがアップすることになります。

株式投資の世界には、投資元本が2倍になるまでの年数を簡易的に知ることができる「**72の法則**」と呼ばれる計算式があります。

この計算式に当てはめれば、配当金ダルマがどのタイミングで2倍に成長するかを知ることができます。

「72」÷「増配率」（％）＝「投資期間」（年数）

自分が買いたいと思っている企業の株が、多少の凸凹がありながらも、平均すると5％は増配していることがわかれば、この計算式に当てはめることで、「72÷5＝14・4」となり、ざっくりと**14年を超えて保持すれば、自分の持っている配当金が2倍に成長する**ことがわかります。

新NISAを活用して、永続的に非課税の恩恵を受けていくならば、**「現在の株価で買ったら、将来的にどのくらいの配当金を得られるのか？」**という目安がわかれば、自分のライフプランやマネー計画も立てやすくなり、メンタル的にも落ち着いて配当株投資と向き合うことができます。

投資というのは、**「数年後にどうなっているか？」**を考えて、自分の将来を想像しながらやっていくものだと考えています。

それを可能にしてくれるのが、配当株投資であり、増配なのだと思います。

配当金が「減配」になったらどうすればいいのか?

配当株投資は、業績が堅調で1株配当が上昇している企業の株を買って持ち続け、その持ち株数を増やすことによって、増配の恩恵を享受する……ことを目的とした投資法です。

基本的には、買った株は手放さず、その理由が明らかであれば、仮に「減配」しても保持することが大切ですが、「**このまま株を持ち続けても、本当に増配はあるのか?**」と不安になる局面もあると思います。

「企業が減配したら売る」と安易に結論を出すのではなく、次のような4つの視点に立って、複合的に検討してみることが大切です。

【視点①】「1株益」の変化を確認する

1株益は、企業の収益性や成長の度合いなど「稼ぐチカラ」を見極める指標ですから、株主にとっては、**1株益の数値がすべて**です。

特別損失（その期だけ発生した損失）のような一過性のものを除いて、何期も連続で1株益が落ち込んでいたり、上昇しない銘柄は警戒する必要があります。

1株益が落ち込み始めた場合は、その原因を知ることが大切です。「為替レート」や「資源価格」、「原材料価格」の変動など、さまざまな要因が考えられます。

それらの要因が、当分の間は回復困難であれば、この段階で初めて売却を検討することになります。

【視点②】「1株配」の変化をチェックする

1株益に対する1株配の額や、配当性向をチェックすることが大切です。

配当性向とは、**当期純利益に占める年間配当金の割合を示す指標**です。

1株益が伸びていないにも関わらず、1株配を増加させたり、配当性向が極端に高い場合は警戒する必要があります。

減配を否定的に見るのではなく、企業の還元方針と1株益の変化によって、どのように1株配を決定したのか……を見極めることが大事なポイントとなります。

一時的に減配になる場合であっても、同様の視点で考えることによって、**数期連続の減配や無配を回避する**ことができます。

【視点③】市場の「織り込み」具合を見る

減配はしていなくても、1株益や1株配の変化から、**株式市場が「今後に期待できない」と判断した場合は、それが株価に織り込まれていく**ことになります。

織り込むとは、株価の変動に影響を与えるような材料が、すでに株式市場で認知され、株価に反映された状態のことを指します。

その株価の織り込み具合を見て、織り込み方が甘ければ、その後も下落して行く可能性が高いため、売却を検討します。

織り込み方については、過去の株価収益率（ＰＥＲ）の推移も参考になります。株価収益率とは、「株価÷１株当たり純利益（ＥＰＳ）」で求められ、株価が企業の利益水準に対して割安か、割高かを判断する目安のことです。

１株益が伸びていなかったり、減少傾向にあるにも関わらず、企業が配当を維持して、株価が横ばいである場合には、**配当利回りの良さだけで株価が維持されている**可能性があります。

こうしたケースでは、減配の可能性が市場に織り込まれていないため、減配が発表されると株価が大きく下落することもありますから、それに先んじて売却を考慮することも必要です。

【視点④】今後の「展望」を考える

企業ごとの事業内容を勘案して、今後の展望を考えてみる必要があります。

競合他社の動向や、為替レート、資源価格、原材料価格の変動などを加味しながら、企業ＩＲを確認して、引き続き厳しい環境が続きそうであれば、売却を検討することになります。

こうした場合でも、市場が「**すでに悪材料は出尽くした**」と判断すれば、買いが集まって株価が上がることもありますから、視点③の状況を冷静に観察して、慎重に考えることが大切です。

減配に動揺して、条件反射的に売り急ぐのは禁物です。

あくまでも、「企業の業績」、「還元の状況」、「市場の織り込み方」を考慮しながら、客観的で冷静な判断をすることが重要です。

配当株投資で株を手放すのは、家を買ったり、子供の教育資金など、ある程度のまとまった現金が必要になったときだけ……と考えるようにしましょう。

大事なのは、「**減配＝売り**」**と決めつけない**ことです。

仮に減配したとしても、自分の中で、その企業に対する期待感に変化がなければ、売却する必要はありません。

株価が大きく下落する局面があれば、そこで買い増すことも、有効な作戦となります。

配当株投資では、**最初から売ることを考えたり、「買ったらどうなるか？」で頭を悩ませるような銘柄を、わざわざ選ぶ理由や必然性はまったくありません。**

ハラハラ、ドキドキしたり、「いま買ったら、株価的にも利回り的にも、美味しい思いができるかも」と思うような銘柄に手を出すのは、配当株投資の「地盤作り」ができてからでも遅くはありません。

無用な心配をすることなく、業績が安定していて、1株益が上昇している企業の株を買って持っていれば、**黙っていても、向こうから「増配」がやってくる**ことになります。

投資である以上は、不確実の積み重ねであり、正解は誰にもわかりません。

だからこそ、持っていることが辛いとか、心配になるような銘柄を選ぶのではなく、**持っていることが安心・安全な企業の株を買うことが大切**です。

その安心感があれば、不安なく持ち株数を増やして、配当株投資を継続することができるのです。

第3章

年間12万円から240万円へ!配当金の賢い増やし方

理想郷を目指すプロセスを
徹底シミュレーション!

年間240万円の配当金を手に入れるまでのプロセス

配当株投資で配当金を増やしていくためには、①「**自己資金による追加投資**」、②「**配当金からの再投資**」、③「**企業による増配**」……という3つの「エンジン」を、自分のライフスタイルに合わせて回転させることが重要です。

先の第2章で「企業による増配」の効果を紹介しましたが、実際に3つのエンジンが、「**どれだけの威力を発揮しているのか?**」については、意外と知らない方が多いのではないでしょうか?

すでに配当株投資に取り組んでいる人でも、「少しずつ株を買い進めていたら、何となく配当金が増えていた……」と漠然と考えているように思います。

配当金ダルマを成長させる過程では、3つのエンジンが三位一体となって機能するため、それぞれのパワーを可視化できないことに理由があります。

この第3章では、企業の株を買うことによって、「3つのエンジンがどんな威力を発揮するのか?」をお伝えしながら、私が「理想郷」と考えている「**年間240万円の配当金**」を**手に入れるまでのプロセス**を、具体的なシミュレーションを通して紹介します。

私がなぜ、「年間240万円の配当金」を理想郷と考えているのかといえば、**1カ月当たり20万円の「資本収入」が得られる**からです。

サラリーマンやOLの方であれば、**毎月の給料の他に20万円の自由に遣えるお金が入る**ということです。

退職世代の方にとっては、**年金とは別に20万円の「自分年金」が入る**ことを意味しています。

これこそ、まさに「理想郷」といえるのではないでしょうか。

3つのエンジンの威力をきちんと理解することで、「この先、どのように配当株投資を進めていけばいいのか?」という道筋が明確化します。

自分が「進むべき道」と「やるべきこと」がハッキリとわかれば、あとは自分のライフスタイルに合わせて、淡々と株を買い進めていくだけです。
それを繰り返すことが、理想郷にたどり着くための唯一の方法となります。

莫大な資産を持っていない限り、すぐに理想郷に到達することはできません。

新NISAの「**無期限に非課税**」というメリットを活かし、個人投資家の最大の武器である「時間軸」を活用しながら、増配銘柄を買い進めることによって、初めて理想郷へのゴールが可能になります。

焦らず、気負わず、無理のないペースで淡々と配当株投資に取り組んだ先に、理想郷が待っているのです。

年間配当金の「目標額」を設定し ゴールを目指して計画的に行動する

配当株投資の一番の楽しみは、**受け取る配当金が毎年、着実に増えること**です。
そのためには、漠然と企業の増配を待つのではなく、自分から積極的に増配を取りに行くことが重要です。

企業の増配を待つだけの「ディフェンシブ」（守備的）な投資を脱して、**増配を自ら取りに行く「オフェンシブ」（攻撃的）な投資スタイルを手に入れる**ことが、理想郷にたどり着くための第一歩だと思います。

それを可能にするのが、**自分のライフスタイルに合った年間配当金の「目標額」を設定**して、そこに向かって計画的に配当株投資を進めていくことです。

目標設定までのプロセスは、次のようになります。

【プロセス①】今期の配当株投資の「枠組み」を考える

年末年始の休みなどを使って、**「今期の配当株投資の進め方」**を考える習慣を持つことがスタート地点となります。

これから配当株投資を始める人であれば、**「自分がどのくらい新規投資できるのか？」**を考えてみることです。

すでに配当株投資を始めている人であれば、自分が今期中に得られる配当金の目安がわかっていますから、その額と相談しながら、実現可能な新規投資額を計算することから始めます。

【プロセス②】自分の予算と相談しながら株を買い進める

今季のキャッシュフローの全体像が把握できたら、そのスケールに応じて、企業の株を買い進めていくことになります。

100株単位の単元株を買うこともあれば、企業によっては1株でも購入することができますから、**自分の予算と相談しながら、淡々と買っていく**ことが大切です。

「どの銘柄を選ぶか？」については、次の第4章や第5章で詳しくお伝えします。

【プロセス③】5月頃に企業の決算発表の時期がやってくる

今期の配当株投資をスタートさせて、株を買い進めていると、企業の決算発表の時期がやってきます。

決算発表とは、上場企業が直近の業績や財務状況を開示するもので、その内容は決算期（企業の事業年度の最終月）から、おおむね45日以内に「決算短信」として発表されます。

日本企業では、4月から翌年3月までを1年度として、年度末となる3月に「本決算」をする企業が最も多く（3月期決算企業）、決算短信が出るのは4月から5月にかけてとなります。

その決算発表の内容を確認することによって、**自分が買って持っている企業の株の前期の配当金がいくらであり、今期はいくらになるのかという配当予想を知る**ことができます。

この2つが出揃うことで、自分の今年の配当金の全容が見えてきます。

【プロセス④】決算発表に応じて、この先の行動目標を見直す

決算発表の内容を確認して、自分が想定していた以上に増配があって、増配の恩恵を大きく受けられるようであれば、この段階まで無理をして自己資金を投入してきた人は、**その投資額を抑えることができます。**

無理なく自己資金が用意できる……という人の場合は、引き続き積極的に株を買い進めていけば、目標とする年間配当金を引き上げることが可能になり、早く目標に近づくことができます。

1年を通して「**計画**」→「**実行**」→「**修正**」→「**実行**」→「**修正**」**……を続けていく**ことが配当株投資の「肝」となります。

この流れを「仕組み化」しておけば、「自分が何をすべきなのか?」という行動目標が明確になって、モチベーションがアップするだけでなく、「**どの銘柄をどのくらい買うか?**」**と迷う必要がなくなります。**

こうしたサイクルを回して、決算期ごとに、「目標設定」→「クリア」→「目標設定」→「クリア」を繰り返していくことが、自分の目指すゴールを引き寄せることになります。

このサイクルがイメージできたら、次は年間配当金の目標額を決めるステージに進みます。

「目標配当額」は対前年比10〜15%アップを目指す

年間配当金の目標額を決める際には、**毎期「10%」から「15%」くらい配当金を増やす**イメージ持つことが大切です。

10〜15%のアップを目指せば、複利効果によって、配当金ダルマは大きく成長することになります。

「72の法則」に当てはめて考えれば、**10%で7年強、15%であれば5年足らずで配当金は2倍に増える**計算です。

配当株投資を始めている人であれば、「毎期10%も配当金を増やすなんて、現実的ではない」とか、「絶対に不可能だ」と思うかもしれませんが、それは「自己資金による追加投資」だけで、すべてを賄おうとしていることに原因があります。

一番の問題は、**配当株投資の醍醐味である「増配」を見落としている**ことです。

この毎期「10％」から「15％」という数字は、「企業による増配」と「配当金からの再投資」、「自己資金による追加投資」……という3つのエンジンを稼働させたことによるトータルの配当金の増え方を指しています。

これら3つのエンジンには、次のような関係性があります。

【関係性①】「企業による増配」が十分に機能すれば、「配当金からの再投資」と「自己資金による追加投資」は必ずしも実行する必要がない

【関係性②】「企業による増配」が機能して、「配当金からの再投資」を実行すれば、「自己資金による追加投資」を圧縮することが可能

【関係性③】「企業による増配」が機能して、「配当金からの再投資」と「自己資金による追加投資」を実行すれば、目標達成までの期間が短くなる

【関係性④】「企業による増配」が機能せず、無配や減配の場合は、「自己資金による追加投資」を実行する

この関係性を見れば一目瞭然ですが、何よりも大切なのは、**「企業による増配」がしっかりと機能すること**です（図10参照）。

そのためには、業績が安定していて、1株益が上昇しており、株主に配当金を分配する姿勢を貫いている**「増配銘柄」を買い続けて持ち株数を増やし、増配の恩恵を継続的に受ける**ことが大切です。

自分のライフスタイルや金銭事情にあわせて増配銘柄を買い進め、3つのエンジンを上手に働かせる工夫を続けることが、無理なく目標を目指すコツといえます。

図10 配当金を増やす3つのエンジンの動かし方

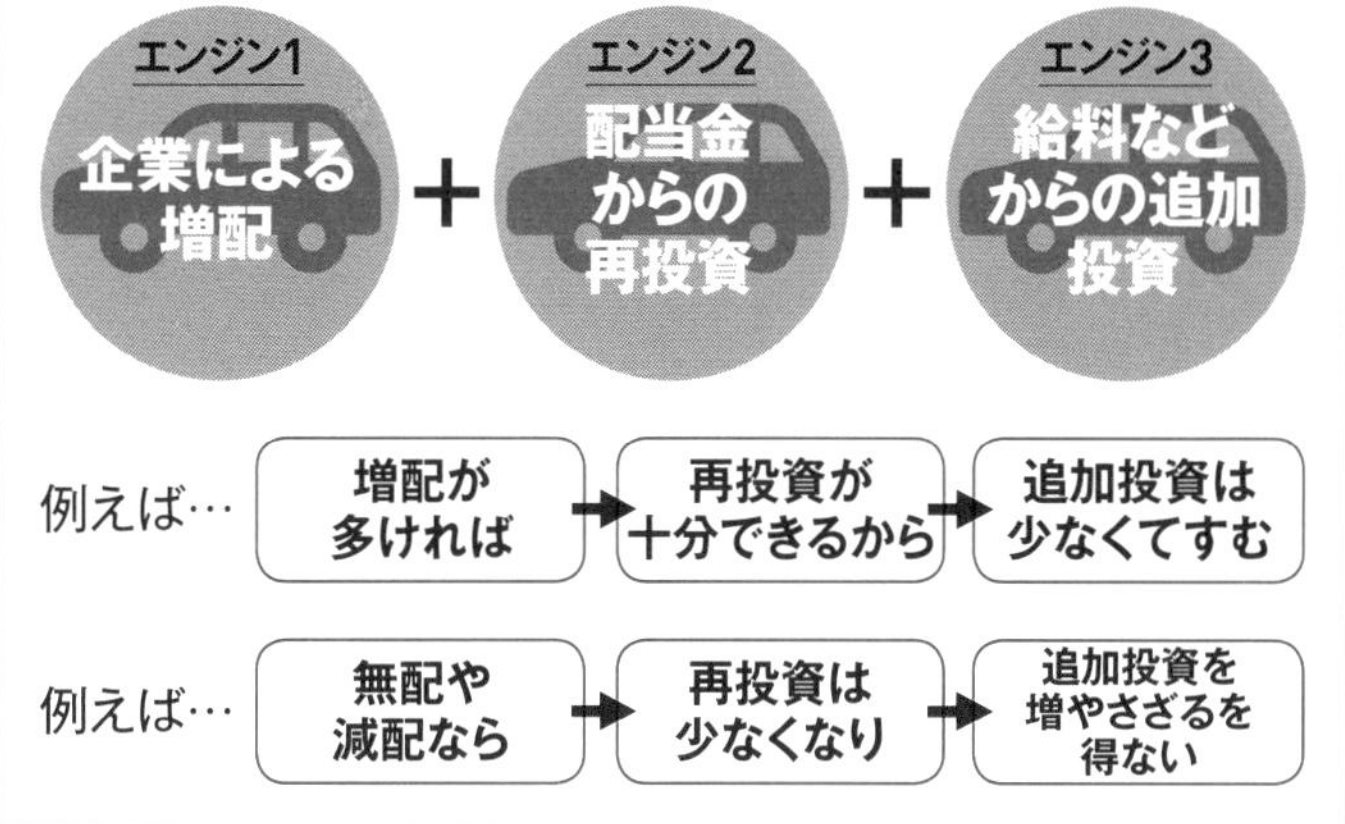
エンジン1
企業による増配
＋
エンジン2
配当金からの再投資
＋
エンジン3
給料などからの追加投資
例えば…
増配が多ければ
再投資が十分できるから
追加投資は少なくてすむ
例えば…
無配や減配なら
再投資は少なくなり
追加投資を増やさざるを得ない

年間２４０万円の配当金を手に入れるシミュレーション

３つのエンジンを稼働させた場合のケーススタディとして、年間２４０万円の配当金を目指すシミュレーションを通して、それぞれのエンジンを、どのように働かせていくか……について詳しく紹介します。

このシミュレーションは、私が理想郷と考える年間配当金２４０万円に到達するまでのプロセスを**増配率「10％」（パターンA）と「15％」（パターンB）の2つに分け、その内訳を可視化する**ことを目指したものです。

このプロセスを読み込むことで、目標配当額に到達するまでの道のりを鮮明に把握することができます。

それぞれのライフスタイルや金銭事情に合わせて、無理のない範囲で配当株投資を継続することが大切ですから、必ずしも理想郷を目指す必要はありません。

年間の目標配当額が50万円であれば、どのように進めていけば、どのくらいの期間で達成が可能なのか？

年間目標額を100万円に設定すると、どんな展開が予想されるのか？

大事なポイントは、自分を取り巻く状況に応じて目標配当額を設定し、**それを達成するための「目安」を把握する**ことにあります。

それでは、118ページに掲載した**【図11】「年間240万円の配当金を目指すシミュレーション」（パターンA）**をご覧ください。

この表によって、年間配当金を毎年10％増やしていくプロセスがわかります。

増配率「10％」を目指すための3つのエンジンの内訳は、次のようになります。

①**「企業による増配」6％**

②**「配当金からの再投資」3％**

図11 年間240万円の配当金を目指すシミュレーション（パターンA）

単位(円)

投資歴	受取配当金	目標増加額	企業の増配額	配当金を全額再投資して得られる配当額	不足配当額	新規投資額
1年	**120,000**					
2年	**132,000**	12,000	7,200	3,600	-1,200	40,000
3年	**145,200**	13,200	7,920	3,960	-1,320	44,000
4年	**159,720**	14,520	8,712	4,356	-1,452	48,400
5年	**175,692**	15,972	9,583	4,792	-1,597	53,240
6年	**193,261**	17,569	10,542	5,271	-1,757	58,564
7年	**212,587**	19,326	11,596	5,798	-1,933	64,420
8年	**233,846**	21,259	12,755	6,378	-2,126	70,862
9年	**257,231**	23,385	14,031	7,015	-2,338	77,949
10年	**282,954**	25,723	15,434	7,717	-2,572	85,744
11年	**311,249**	28,295	16,977	8,489	-2,830	94,318
12年	**342,374**	31,125	18,675	9,337	-3,112	103,750
13年	**376,611**	34,237	20,542	10,271	-3,424	114,125
14年	**414,273**	37,661	22,597	11,298	-3,766	125,537
15年	**455,700**	41,427	24,856	12,428	-4,143	138,091
16年	**501,270**	45,570	27,342	13,671	-4,557	151,900
17年	**551,397**	50,127	30,076	15,038	-5,013	167,090
18年	**606,536**	55,140	33,084	16,542	-5,514	183,799
19年	**667,190**	60,654	36,392	18,196	-6,065	202,179
20年	**733,909**	66,719	40,031	20,016	-6,672	222,397
21年	**807,300**	73,391	44,035	22,017	-7,339	244,636
22年	**888,030**	80,730	48,438	24,219	-8,073	269,100
23年	**976,833**	88,803	53,282	26,641	-8,880	296,010
24年	**1,074,516**	97,683	58,610	29,305	-9,768	325,611
25年	**1,181,968**	107,452	64,471	32,235	-10,745	358,172
26年	**1,300,165**	118,197	70,918	35,459	-11,820	393,989
27年	**1,430,181**	130,016	78,010	39,005	-13,002	433,388
28年	**1,573,199**	143,018	85,811	42,905	-14,302	476,727
29年	**1,730,519**	157,320	94,392	47,196	-15,732	524,400
30年	**1,903,571**	173,052	103,831	51,916	-17,305	576,840
31年	**2,093,928**	190,357	114,214	57,107	-19,036	634,524
32年	**2,303,321**	209,393	125,636	62,818	-20,939	697,976
33年	**2,533,653**	230,332	138,199	69,100	-23,033	767,774

③「自己資金による追加投資」1%

企業による増配を「6%」に設定した根拠は、次の第4章で紹介する「増配銘柄」の過去11年間（2014年3月期〜2024年3月期）の平均増配率を計算すると、**7%から10%の間で推移している**ことにあります。

日経平均を構成する225銘柄の配当金を示す「日経平均・配当指数」でも、過去10年で7%以上は上がっていますから、平均を1%下回る年間6%の増配率であれば、まずは大丈夫だろう……と考えられる水準です。

その年によって多少の凸凹はあっても、アベレージ（平均）で**年間6%の増配率というのは、十分に再現性のある数値**だと思います。

1年目の受取配当金を12万円からスタートさせたのは、この段階に入ると、増配の効果が大きくなるためです。

12万円までのプロセスを知りたい人は、第1弾の著書『年間100万円の配当金が入ってくる最高の株式投資』をお読みください。

「理想郷を目指す配当株シミュレーション」（パターンA）の読み解き方は、次のようになります（図12参照）。

【手順①】12万円の配当金を10%増やすと、2年目の「受取配当金」は13万2000円となり、**差額の1万2000円が「目標増加額」**になります。

【手順②】「受取配当金」12万円に対する増配率は6%ですから、2年目の**「企業の増配額」は7200円**となります。

【手順③】「増配銘柄」の配当利回りは3%前後が一般的です

図12 「増配」「再投資」「追加投資」3つのエンジンの回し方（パターンA）

単位（円）

投資歴	受取配当金	目標増加額	企業の増配額	配当金を全額再投資して得られる配当額	不足配当額	新規投資額
1年	**120,000**	手順1 0	手順2	手順3	手順4	手順5
2年	**132,000**	12,000	7,200	3,600	-1,200	40,000
3年	**145,200**	13,200 手順6	7,920	3,960	-1,320	44,000

から、「受取配当金」の12万円を再投資した場合、「12万円×3％」で計算すると、**「配当金を再投資して得られる配当額」は3600円**になります。

【手順④】「目標配当額」1万2000円から、「企業の増配額」7200円と、「配当金を再投資して得られる配当額」は3600円を差し引くと、目標を達成するために必要な**「不足配当額」は1200円**となります。

【手順⑤】「不足配当額」の1200円を配当金で得るためには、配当利回り3％で計算すると、「1200円÷3％」となり、**「新規投資額」として2年目は年間4万円が必要**になります。

【手順⑥】2年目の「受取配当金」13万2000円に対して、10％増やすと、3年目の「受取配当金」は14万5200円となり、**差額の1万3200円が「目標増加額」**になります。

「企業による増配」で6％の増配率を維持するためには、1つの銘柄だけでは何かアクシデントが起こったときにつまずく危険性があります。

この後の章で紹介する「**増配銘柄**」**や**「**増配銘柄の組み合わせパターン**」などを参考にして、複数の銘柄で構成すれば安定感を担保することができます。

「企業による増配」が平均で6％に達していれば、その配当金を再投資に回すことで、自己資金から4万円の追加投資を捻出することによって、2年目の目標増加額である1万2000円をクリアすることができます。

年間4万円の追加投資であれば、それほど大きな負担ではないと思います。

この1％の自己資金による追加投資を、私は「**自助努力**」と呼んでいます。

追加投資をするということは、持ち株数を増やすことですから、翌年の増配分にダイレクトに反映されて、複利効果を促す働きがあります。

自助努力は、いい意味でボディブローのように後から効いてきますから、**年間4万円以上の追加投資ができるならば、積極的に実行していく**ことが大切です。

新NISAを活用すれば、非課税で配当金を受け取ることができますから、得られた配当金を丸ごと再投資に回すことが可能になります。

新NISAの誕生によって、恒久的に「20・315%」の税金がかからなくなったというアドバンテージ(利点)は、配当株投資の効率を高めるための強力なサポーターになります。

複数の企業の増配が平均で10%を超えた場合は、それだけで年間の「目標増加額」を達成することになります。

「企業による増配」だけで目標をクリアできれば、その年は「配当金からの再投資」や「自己資金による追加投資」をせずに、配当金を生活費に回したり、娯楽や趣味に費やす……という選択肢が生まれます。

その全額を再投資に回せば、その分だけ増配の恩恵を受けることができます。

スタートから16年目に「年間配当金50万円」が見えてくる

年間12万円の配当金を「核」として、毎年10％の増配を実現していくと、最初のチェックポイントが見えてきます。

年間配当金の**目標額が50万円であれば「16年目」、目標額が１００万円の場合は「24年目」にゴールに到達する**ことができます（図13参照）。

この年数は、あくまでも目安であり、積極的に自己資金による追加投資をすることによって、大幅に期間を短縮することができます。

ここまでの新規投資額は、年間配当金50万円で「１２７万９００円」、１００万円の場合は「３１８万１７２２円」です。

年間配当金12万円の「核」を作るまでに、利回り３％で計算して、およそ４００万円が必要ですから、それを加算すると、**年間配当金50万円で「527万900円」、100万円の場合は「718万1722円」がこれまでの投資額**となります（図11参照）。

図13 年間配当金50万円&100万円達成までにかかる年数

単位（円）

投資歴	受取配当金
1年	**120,000**
2年	**132,000**
3年	**145,200**
4年	**159,720**
5年	**175,692**
6年	**193,261**
7年	**212,587**
8年	**233,846**
9年	**257,231**
10年	**282,954**
11年	**311,249**
12年	**342,374**
13年	**376,611**
14年	**414,273**
15年	**455,700**
16年	**501,270**
17年	**551,397**
18年	**606,536**
19年	**667,190**
20年	**733,909**
21年	**807,300**
22年	**888,030**
23年	**976,833**
24年	**1,074,516**

配当金が増えると
増配の恩恵をタップリと受けられる

目標配当額50万円とか１００万円に設定している人であれば、**この段階で「自己資金による追加投資」と「配当金からの再投資」という2つのエンジンを停止させることができます。**

2つのエンジンをストップさせても、株を手放さなければ、**「企業による増配」という3つ目のエンジンは働いたままの状態**ですから、新ＮＩＳＡの成長投資枠で株を持ち続けることで、毎年「50万円」とか「１００万円」レベルの配当金が非課税で入ってくることになり、企業の業績によっては、**得られる配当金が毎年増えていく可能性もあります。**

この段階に到達すると、**配当金ダルマがコロコロと自転を始めて、**目に見えて大きく成長し始める局面を迎えているため、「増配の恩恵」をタップリと受けることができます。

その具体例を、数字に置き換えてお伝えします。

50万円の配当金に対して、10%の増配があれば、**翌年には配当金ダルマが55万円に成長**します。

この5万円を「自己投資」だけで賄おうとすると、配当利回りが3%で計算して「5万円÷3%」で「**166万円」以上が必要**になります(図14参照)。

同じように、配当金が100万円に達していれば、10%増配することで、翌年には110万円になりますが、この10万円を自己資金だけで増やそうとすると、「10万円÷

図14 増配の威力のリアルな正体

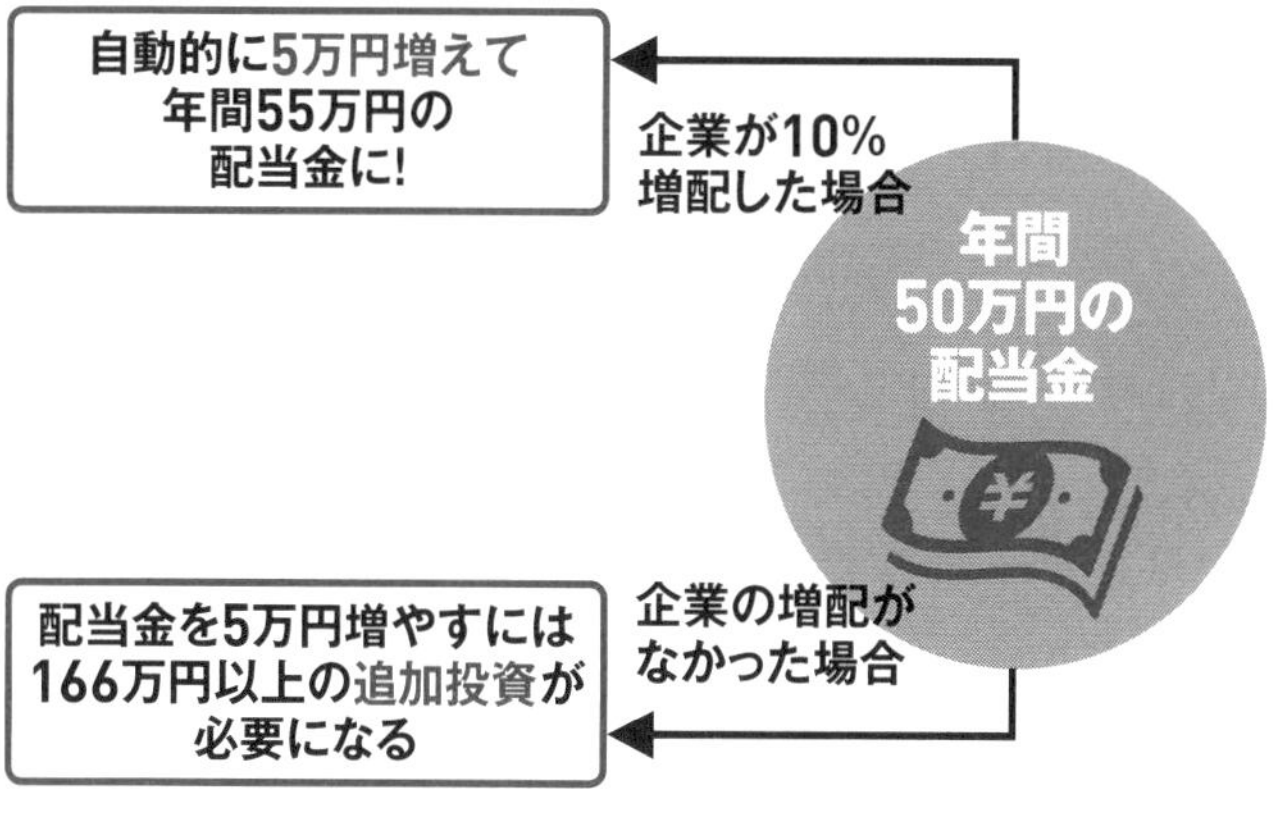
年間
50万円の
配当金
企業が10%
増配した場合
自動的に5万円増えて
年間55万円の
配当金に!
企業の増配が
なかった場合
配当金を5万円増やすには
166万円以上の追加投資が
必要になる

3%」で「**333万円」余りの追加投資が必要**です。

この段階に来て、新たに「166万円」とか、「333万円」の自己資金を用意するのは相当に厳しいと思いますが、「**増配の効果が新規投資の効果をはるかに上回るステージ」に入っている**ため、新規で自己資金を追加投入しなくても、増配のチカラだけで10%の成長を実現することができるのです。

これが増配の「威力」のリアルな正体です。

この先、**持ち株数を増やせば増やすほど、さらに増配の恩恵を受けることになり、複利効果が一段と高まる**ことになります。

上下10%程度の値動きは「誤差の範囲」と考える

毎年の目標配当額をクリアして配当金を増やしていくためには、増配銘柄を自分の**できる範囲で積極的に買い進めて、持ち株数を上げていく**ことが重要です。

目標額をクリアするための基本スタンスは、次のようになります。

①年間の目標配当額に達するまで淡々と買う
②各銘柄が目標株数に達するまで買う
③株価が下がったら、さらに積極的に買う

大事なのは、持ち株数を増やし、増配の恩恵を存分に受けることによって、配当金ダルマを大きく成長させることです。

そのためには、株価の値動きに一喜一憂することなく、**自分が買うべき銘柄が極端な割高でない限りは、買える範囲で前向きに買い続けていく**ことです。

配当株投資は、「超長期投資」と考えて取り組む必要がありますから、原則的には、「上下10％」程度の値動きは、誤差の範囲と考えて買い進める姿勢が重要になります。

限られた資金の中でやりくりすることを考えれば、「**少しでも安く買いたい**」と思ってしまいますが、その気持ちを乗り越えることが「正念場」となります。

少しくらい高い株価で買ったとしても、配当金ダルマが大きく育った10年後に振り返れば、その利益の大きさが、わずかな株価の違いを吸収してくれるため、それが「誤差の範囲」であったことに気づくことになります。

三菱ＵＦＪフィナンシャル・グループの株を1株1０００円で買っても、１１００円で買っても、企業の増配によって配当金が増えていれば、大きな違いはありません。

持ち株数を増やして、増配の恩恵を存分に受けることができれば、目先の10％くらいの株価の違いは、あまり気にしても仕方がない……と考える必要があります。

明るい未来を信じて、前を向いて突き進む気持ちを持つことが、正念場を乗り越えるための原動力となります。

世界経済と日本経済が堅調であれば、多少の凸凹はあったとしても、企業の業績は伸びていきます。

その過程で1株益が上昇して、企業が継続的に株主還元をすれば、市場原理が働くことで、株価は上下に動きつつも、右肩上がりになるものです。

「株価が上がるのは、投資先企業が元気な証拠」と考えて、企業を信じ、自分を信じて前を向けば、正念場と向き合う勇気が湧いてくると思います。

こうしたプロセスを積み重ねていくと、理想郷にたどり着く日がやって来ます。

配当金の「核」が大きくなれば株価に対する意識が変わる

年間配当金が50万円とか100万円の段階に入ると、「核」となる配当金が大きく育っているため、自助努力によって持ち株数をさらに増やしていけば、それがダイレクトに増配に反映されます。

この段階に入ると、**株価に対する意識にも、大きな変化が生まれます。**

「少し高値だけど、増配のメリットの方が上だから、ためらう必要はない」

「株価が下がっているから、積極的に買えば、さらに配当金が増える」

「**配当株投資では、株価の動きに一喜一憂しても意味がない**」と私が常に主張しているのは、こうした状態を迎えることを指しています。

少しくらい高値で買っても、時間の経過と共に増配が「穴埋め」してくれますから、目先の株価を気にしても、あまり意味がないのです。

この段階に到達すると、株価に対する意識だけでなく、この先の取り組み方にも変化が生まれます。

「ここまでくれば、**企業による増配だけで、理想郷にたどり着けそうだな**」と考え始める人もいると思います。

それもまた、大事な選択肢の一つです。

増配のチカラがパワーアップしたことで、自助努力のインパクトは、この先も徐々に薄れていきますから、企業努力にすべてを委ねて、「**毎年の配当金を自分の人生を楽しむために遣う**」というのも有意義な考え方だと思います。

企業の増配力にすべてを任せて、配当金ダルマの「自転」を見守る……というスタイルに切り替えることも有効な選択です。

自助努力を続けて、可能な範囲で先を急ぐ……という考え方もアリだと思います。

エベレストに登頂するルートは、一つだけではありません。

自分が走り続けられるルートを選択して、自由に進むことができることも、配当株投資の魅力だと思います。

年間配当金240万円は新規投資額1200万円程度で実現できる

118ページの「図11」の最下段にある通り、3つのエンジンを稼働させて増配率「10%」を実現していけば、「33年目」を過ぎたところで、年間配当金240万円の理想郷に到達することができます。

このシミュレーションは、理想郷にたどり着くための目安であり、あくまで指針ですから、達成までの期間には個人差があります。

資金的に余裕があるならば、早い段階で積極的に自助努力をしていくことによって、途中のプロセスをスキップして、期間を短縮することができます。

このシミュレーションを通して、ご理解いただきたいのは、次のような3つのポイントです。

【ポイント①】増配の力で、年間240万円の配当収入は可能

3つのエンジンをフル稼働させて、個人投資家の武器である時間軸を使えば、年間240万円の配当金という理想郷を手に入れることは、決して夢物語ではなく、実現可能なリアルなチャレンジになります。

【ポイント②】「新規投資額1200万円」程度で実現が可能

このシミュレーションの1年目から33年目までの「新規投資額」の合計は「804万5512円」ですから、12万円の「核」を作るための投資額400万円と合わせると、総計「**1204万5512円**」となります。

利回りに若干の変動があったとしても、3つのエンジンをフル稼働させれば、**新規投資額は1200万円程度で理想郷を手に入れる**ことができます。

【ポイント③】新NISAを活用すれば投資効率が高まる

新NISAの「成長投資枠」を活用すると、再投資と新規投資の合計が「**生涯投資枠**」**の1200万円に達するまでは非課税の恩恵を受けられる**ため、配当株投資の投資効率」（投資に対する利益率）が格段に高まります。

新NISAによって、恒久的に「20・315％」の税金がかからなくなったメリットは、3つのエンジンのフル稼働を強力にサポートしてくれるだけでなく、自分のライフスタイルに合わせた無理のない「長期投資」が可能になります。

「新NISA」を活用することで、「非課税」の恩恵を受けて、「増配率10％」を実現しながら「3つのエンジン」をフル回転させれば、個人投資家の最大の武器である時間軸を使うことで、「**1200万円**」**ほどあれば理想郷を手に入れることができる……**。

これが、本書『年間240万円の配当金が入ってくる究極の株式投資』の核心部分といえます。

増配率「15%」を実現させれば投資期間を圧縮できる

新NISAの「成長投資枠」を使えば、投資額1200万円程度で理想郷にたどり着くことができますが、「**もう少し期間を短縮できないものか……**」と感じる方も多いと思います。

それを可能にするためには、企業の業績上昇と同じように、増配率を「上方修正」する必要があります。

138ページに掲載した「図15」の「**年間240万円の配当金を目指すシミュレーション**」(**パターンB**)**が、増配率「15%」を実現させる目安**です。

この場合の3つのエンジンの内訳は、次のようになります。

①「**企業による増配**」**10%**

図15 年間240万円の配当金を目指すシミュレーション（パターンB）

単位（円）

投資歴	受取配当金	目標増加額	企業の増配額	配当金を全額再投資して得られる配当額	不足配当額	新規投資額
1年	**120,000**					
2年	**138,000**	18,000	12,000	3,600	-2,400	80,000
3年	**158,700**	20,700	13,800	4,140	-2,760	92,000
4年	**182,505**	23,805	15,870	4,761	-3,174	105,800
5年	**209,881**	27,376	18,251	5,475	-3,650	121,670
6年	**241,363**	31,482	20,988	6,296	-4,198	139,921
7年	**277,567**	36,204	24,136	7,241	-4,827	160,909
8年	**319,202**	41,635	27,757	8,327	-5,551	185,045
9年	**367,083**	47,880	31,920	9,576	-6,384	212,802
10年	**422,145**	55,062	36,708	11,012	-7,342	244,722
11年	**485,467**	63,322	42,215	12,664	-8,443	281,430
12年	**558,287**	72,820	48,547	14,564	-9,709	323,645
13年	**642,030**	83,743	55,829	16,749	-11,166	372,191
14年	**738,335**	96,305	64,203	19,261	-12,841	428,020
15年	**849,085**	110,750	73,833	22,150	-14,767	492,223
16年	**976,447**	127,363	84,908	25,473	-16,982	566,056
17年	**1,122,915**	146,467	97,645	29,293	-19,529	650,965
18年	**1,291,352**	168,437	112,291	33,687	-22,458	748,610
19年	**1,485,054**	193,703	129,135	38,741	-25,827	860,901
20年	**1,707,813**	222,758	148,505	44,552	-29,701	990,036
21年	**1,963,984**	256,172	170,781	51,234	-34,156	1,138,542
22年	**2,258,582**	294,598	196,398	58,920	-39,280	1,309,323
23年	**2,597,369**	338,787	225,858	67,757	-45,172	1,505,721

②「配当金からの再投資」3%
③「自己資金による追加投資」2%

増配率「10%」と比較すると、**「企業による増配」を4%、自助努力となる「自己資金による追加投資」を2%アップさせ、**「配当金からの再投資」は増配銘柄の一般的な配当利回りとなる3%のままです。

増配率15%という数字に対して、すでに株式投資を始めている人の中には「S&P500」(S&Pダウ・ジョーンズ・インデックス社が公表する米国株式市場の株価指数)でも成長率7%なのに、15%なんて不可能だろう……と思うかもしれませんが、「S&P500」が示しているのは「株価」であり、ここでいう15%というのは配当金を指していますから、まったく別の話と考える必要があります。

一見すると、増配率15%というのは相当にハードルが高いように感じるかもしれませんが、先に紹介した増配率10%のシミュレーションが「再現性」を重視して、やや低めに条件設定しているだけで、この増配率15％は期間短縮のためのムチャ振りではありません。

私の直近5年間の増配率を振り返ってみても、十分に乗り越えることが可能なハードルだと思います。

5年前の2019年を100として計算すると、2020年「18％」、2021年はコロナ禍の影響を受けて「11％」、2022年「17％」、2023年「28％」となっています。

コロナ・ショックなどがない平時であれば、**増配率15％はクリアできています。**

「企業による増配」の10％は、「日経平均・配当指数」の過去10年の7％以上を上回る数字ですが、このデータには増配していない銘柄が数多く含まれていますから、増配を継続している大型銘柄で考えれば、無理のない目標設定だと思います。

増配率「15%」を実現するための シミュレーションを読み解く

ここからは、増配率「15%」を実現するためのプロセスを見ていきます。

図15の「**年間240万円の配当金を目指すシミュレーション**」（**パターンB**）の**読み解き方**は、次のようになります。

基本的な考え方は、パターンAと同じです（図16参照）。

【手順①】12万円の配当金を15%増やすと、2年目の「受取配当金」は13万8000円となり、**差額の1万8000円が「目標増加額」**になります。

【手順②】「受取配当金」12万円に対する増配率は10%ですから、2年目の「**企業の増配額**」**は1万2000円**となります。

【手順③】「増配銘柄」の配当利回りは3%前後が一般的ですので、「受取配当金」の

12万円を再投資した場合、12万円×3%で計算すると、「**配当金を再投資して得られる配当額」は3600円**になります。

この額は増配率10%の場合と変わりません。

【手順④】「目標配当額」1万8000円から、「企業の増配額」1万2000円と、「配当金を再投資して得られる配当額」は3600円を差し引くことで、目標を達成するために必要な「**不足配当額」は2400円**となります。

【手順⑤】「不足配当額」の2400円を配当金で得るためには、配当利回り3%で計算すると、「2400÷3%」となり、「**新規投資額」として2年目は年間8万円が必要**になります。

【手順⑥】2年目の「受取配当金」13万8000円に対して、15%増やすと、3年日の「受取配当金」は15万8700円と

図16 「増配」「再投資」「追加投資」3つのエンジンの回し方（パターンB）

単位(円)

投資歴	受取配当金	目標増加額	企業の増配額	配当金を全額再投資して得られる配当額	不足配当額	新規投資額
1年	**120,000**	手順1 0	手順2	手順3	手順4	手順5
2年	**138,000**	18,000	12,000	3,600	-2,400	80,000
3年	**158,700**	20,700 手順6	13,800	4,140	-2,760	92,000

なって、**差額の2万700円が「目標増加額」**になります。

自助努力となる「自己資金による追加投資」を2％に設定しているため、新規投資分の負担は大きくなりますが、それに比例して、配当金ダルマの成長スピードもアップしています。

「年間配当金50万円」に到達するまでの期間で比較すると、増配率10％が16年目だったのに対して、**増配率15％の場合は「12年目」と4年ほど短くなります。**

図17 パターンAよりも7年早く年100万円の配当金に!

単位(円)

投資歴	受取配当金
1年	120,000
2年	138,000
3年	158,700
4年	182,505
5年	209,881
6年	241,363
7年	277,567
8年	319,202
9年	367,083
10年	422,145
11年	485,467
12年	558,287
13年	642,030
14年	738,335
15年	849,085
16年	976,447
17年	1,122,915

「年間配当金100万円」であれば、増配率10％の24年目と比べて、**増配率15％であれば7年ほど短縮されて、「17年目」で達成することができます**（図17参照）。

注目したいのは、年間配当金が100万円に達するあたりの増配の威力です。到達1年前となる16年目の年間配当金は「97万6447円」となっており、翌年に「112万2915円」と100万円の大台にたどり着くためには「**14万6467円**」の**増配が必要**です。

これを自助努力で賄おうとすれば、利回り3％で計算すると、「14万6467円÷3％＝488万2233円」となって、「500万円」近くの資金が必要になります。

それを**約7分の1となる**「**65万965円**」**の自助努力で達成できる**のですから（図15参照）、増配の威力の「凄まじさ」をリアルに理解できると思います。

増配率10%よりも10年早く年間240万円に到達

増配率15%を実現して配当金を積み重ねていけば、**増配率10%の「33年目」よりも10年早い「23年目」に理想郷にたどり着く**ことができます。

この場合も、最初の頃の「新規投資額」は年間8〜10万円くらいであり、10年目を迎えても「年間24万円」程度でクリアできますから、資金的な余裕があれば、それを上回る自助努力によってスタートダッシュをすることで、それに見合った期間を短縮できます。

このシミュレーションは、増配率15%を実現していけば、23年目に理想郷にたどり着くことができることを示すために、**毎年「均等」に新規投資することを前提**にしています。

あくまでも、増配の「威力」や理想郷までの「ペース配分」のモデルケースをお伝えすることが目的ですから、「もっとスピード化できそうだな」と思うようであれば、**この**

シミュレーションを上回る自助努力をすることで、大幅に期間を短縮ができます。

自分の都合に合わせて、どこをゴールに選んでもいいと思います。

増配銘柄を淡々と買い続けていく

本書で「増配率10％」と「増配率15％」のシミュレーションを紹介したのは、理想郷にたどり着くまでのプロセスを通して、「目標に対して、自分がどのような歩み方をしていくのか？」を客観的に知っていただくことが目的です。

「株価が高いから買わない、安いから買う」ということを繰り返していたのでは、いつまで経っても、自分が設定したゴールに到着することはできません。

同じように、「買えるときに買う、買えないときは仕方がない」と考えてしまうと、時間が中途半端に過ぎてしまうため、**個人投資家の一番の武器である時間軸を有効に活用できなくなります。**

配当株投資で目標を達成するためには、「含み損」（株価が購入時よりも値下がりして、売却すると損失が出る状態）とか「含み益」（株価が購入時よりも値上がりして、売却すると利益が出る状態）という株価の概念を持ち込んでも意味がありません。

「自分の目標を実現するために、どの株をどのくらい買う必要があるのか？」という視点で考えることができれば、**極端に割高でもない限り、淡々と買い続けることができます。**

目標に近づくためのアクションを続けることが、配当株投資のカギを握っています。業績が安定していて、1株配が上昇している企業の株が、安値のまま放置されるようなことは、よほどの事情がない限りありません。

配当利回りが10％とか15％の優良銘柄が株式市場にないのは、多くの人たちに買われているからです。

株が買われていれば、株価は上がりますから、**安定性のある「増配銘柄」を安値で買おうと考えていたら、いつまで経っても買えないことになってしまう**のです。

自分の目標を設定したら、次のような3つの意識を強く持って、マラソンランナーのように一歩ずつ着実に前進していくことが大切です。

①少しくらい高値でも、迷わず買う
②安値ならば、積極的に買う
③少しでも余裕があれば、淡々と買う

こうしたオフェンシブな投資スタイルが可能になるのは、**投資先の企業が増配を続けてくれることが大前提**です。

できる限り無配や減配のリスクを避けて、将来的に配当金ダルマを大きく育てていくためには、業績が堅調で、1株益が上昇傾向にある「増配銘柄」を見抜いて、果敢に買い続けることが大切です。

この後の章では、私が注目している「増配銘柄」や、その組み合わせパターンを詳しくお伝えします。

第4章

増配が期待できる「厳選22銘柄」徹底検証!

配当太郎が
注目ポイントを解説

企業の「将来性」を読み解いて今後の増配の可能性を探る

配当株投資では、安定的な配当金を得るための強固な「地盤」を築き上げ、持ち株数を増やしていくことで、企業による増配を継続的に受けられる「仕組み」を作ることが大切です。

そのためには、業績が堅調で、1株益が上昇しており、株主に対する利益還元に前向きな「増配銘柄」を選んで、無理のない範囲で積極的に買い進めることがポイントとなります。

この第4章では、**私が注目している22社の有力企業を業種別にピックアップして、その持ち味や将来性を読み解くことで、各企業の増配の可能性を探ります。**

企業の業績に「絶対」はありませんが、この企業であれば、天変地異でも起こらない限り、この先もおそらく大丈夫だろう……と期待できる企業を選んでいます。

その選定の基準は、次のような6つの視点にあります。

【基準①】「時価総額」が1兆円を超える大企業
【基準②】誰もが「社名」を聞いたことのある有名企業
【基準③】業界の「トップ」か「トップ級」の企業
【基準④】世の中に「必要不可欠」な産業の企業
【基準⑤】「参入障壁」が高い業種の企業
【基準⑥】「利益率」が高いビジネスの企業

すべての企業が全部の基準をクリアしているわけではありませんが、基本的にはこの条件を満たすことを前提にして、22の増配銘柄を選んでいます。

時価総額とは、「株価×発行済株数」で算出される企業価値を表わす指標で、現在のリアルな「稼ぐチカラ」だけでなく、この先の成長性を示すものとされています。

時価総額1兆円を超える企業は、国内の上場企業の中でも「超大手」に位置づけされ、その業界の上位に位置して、業界全体を引っ張っていく存在です。

時価総額だけで判断することはできませんが、その多くが歴史の長い「成熟企業」であり、**安定的に売り上げを増加させ、利益を高めて、株主還元のための経営努力をしています。**

そうしたことが株式市場でも評価され、株価が上昇することで、結果的に大きな時価総額になっているのです。

第1弾の著書『年間100万円の配当金が入ってくる最高の株式投資』では、時価総額1兆円を超える圧倒的な「稼ぐチカラ」を持つ15の注目企業を紹介しましたが、第2弾の本書では、コロナ・ショックの影響を懸念して掲載を見送った有力企業が、無事に難局を乗り越えたことを受けて、注目企業をアップデートしました。

もう一つのアップデートのポイントは、「**B to B**」（**企業間の取り引き**）**の企業を新たに追加した**ことです。

一般消費者に向けてサービスを提供する「B to C」（企業と消費者の取り引き）の企業と比べて、**【基準②】**の知名度を考慮して第1弾では掲載を差し控えましたが、株式分割などによって株が買いやすくなったこともあり、増配という視点から判断して、ピックアップしました。

配当株投資に取り組んでいる人の中には、「**名前を知られた大企業では、成長性に限界があるため旨味がない**」と考えている人も多いようですが、それは必ずしも正解とはいえません。

この章でお伝えしたいのは、「超成熟企業」に入った大企業であっても、業績が堅調で1株益が伸びており、株主還元に前向きであれば、増配という「甘い果実」をドンドンと実らせていく……ということです。

銘柄1

三菱UFJフィナンシャル・グループ（8306）

配当金は最近10年で「2倍」以上に増えている

三菱UFJフィナンシャル・グループは、メガバンクの「三菱UFJ銀行」や「三菱UFJ信託銀行」などを傘下に置く日本最大の金融グループです。

2008年のリーマン・ショックのときに、アメリカの大手金融機関「モルガン・スタンレー」を持ち分法適用会社にしたことで、アメリカを拠点として、金融ビジネスのグローバル化を推進しています。

2024年3月期上期（2023年4〜9月期）の純利益（経常利益から経費を引いた最終的な利益）は、**前年同期比301%増となる「9272億円」に達して、**上期としては2005年のグループ発足以来の過去最高益を記録しています。

時価総額「19兆円」は、銀行業界のダントツ1位です。

最近10年で見ると、2015年3月期の1株配は「18円」でしたが、2024年3月期は「41円」になっており、この10年で2倍以上になっています(図18参照)。

2024年3月期は前年の「32円」から「28%」も増えていますが、1株益も2023年3月期の「90・7円」から、2024年12月期「110・5円」に伸びるなど、1株益の上昇を伴っているため、企業としての安定感は抜群です。

この先、**1株配が「50円」とか「60円」になることを期待**しています。

図18 三菱UFJフィナンシャル・グループの最近10年の配当金の推移

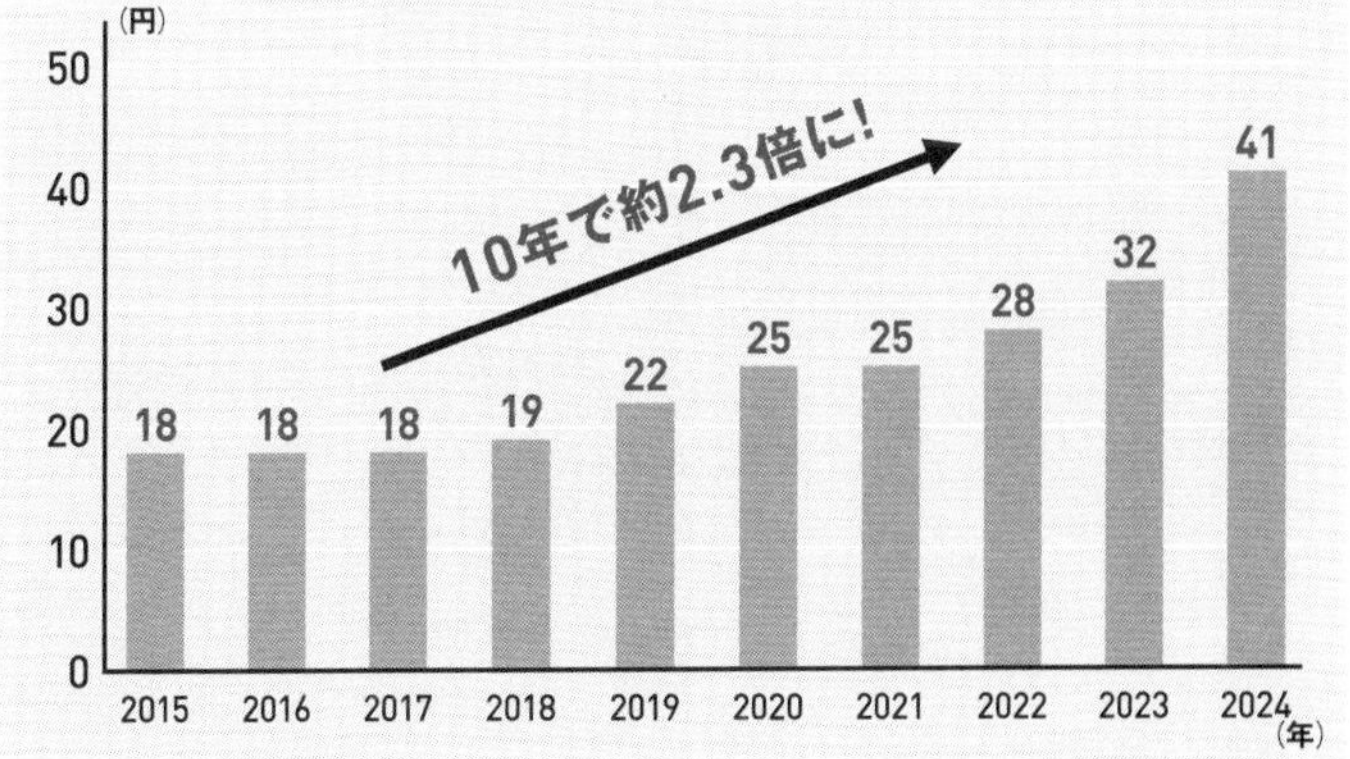

2024年3月期には4000億円の自社株買いを実施しており、業績が好調なだけでなく、**株主還元にも積極的**です。

【注目ポイント①】
稼ぐチカラを持つ銀行業界の「トップ・オブ・トップ」

グループの中核となる三菱UFJ銀行は、銀行業界のトップ・オブ・トップです。世界の資本主義経済が続く限り、「お金でお金を稼ぐ」というビジネスが終わることはありませんから、**この日本最大の金融グループが破綻するようなことがあったら、日本経済も終わりになるだろう**……くらいに考えています。

【注目ポイント②】
利益が高まれば「大幅増配」の可能性もある

「利益成長を通じた1株当たりの配当金の安定的、継続的な増加」を株主還元の基本方針として、「**配当性向40%への累進的な引き上げを目指す**」と明言していますから、今後、利益が高まれば、大幅な増配の可能性があります。

それを期待しながら株を買い進めることができる楽しみな銘柄だと思います。

【注目ポイント③】
不安材料は内外の経済事情など「外的要因」にある

世界経済の動向や為替市場の変動、金融不安が起こった場合は、1株益が伸び悩むこともあります。

コロナ禍などの一過性の問題も1株益に影響を与えましたから、こうした**外的要因が不安材料**といえます。

配当太郎の視点！

他のメガバンクとは一味違う将来性に魅力がある

三菱UFJフィナンシャル・グループが「モルガン・スタンレー」を傘下に収めたのは、アメリカの大手投資銀行「リーマン・ブラザース」の破綻から、わずか1週間後のことです。

この判断力と行動力があるからこそ、さまざまな金融ノウハウを手に入れて、グローバル展開の足がかりをつかむことができた……と考えています。

他のメガバンクとは異なる将来性を描けていることが一番の魅力であり、私は高く評価するだけでなく、信頼もしています。

業種1▼【銀行業】

銘柄2

三井住友フィナンシャルグループ（8316）

「累進配当」を宣言して、配当金は10年で約2倍に増加

三井住友フィナンシャルグループは、さくら銀行と住友銀行の合併によって誕生した三井住友銀行を中核として、傘下に三井住友カード、SMBC日興証券などを置く大手金融持ち株会社です。

2024年3月期の連結純利益の見通しを、「8200億円」から「9200億円」（前期比14・2％増）に上方修正しており、**2014年3月期以来10年ぶりの過去最高益と**

なる見込みです。

最近10年の配当実績を見ると、2015年3月期の1株配が「140円」だったのに対して、2022年3月期に「210円」となり、2024年の3月期は「270円」が見込まれています(図19参照)。

配当金は、**この10年で「2倍」近く**になっており、1株益も2015年3月期が「551・2円」、2024年の3月期は「700・2円」を見込んでいます。

株主還元の充実と資本効率の向上を目的として、2023年11月には**1500億円を上限とした自社株買いを進める**など、株主還元にも積極的です。

【注目ポイント①】
稼ぐチカラは国内屈指の高水準

三井住友銀行は銀行業界のナンバー2の位置にありますが、稼ぐチカラで見れば、国内企業でも屈指の高水準にあります。

「投資銀行」部門と「リテール」部門（個人を対象とした小売り事業）に強みを持っており、**インターネットバンキングにいち早く動き出す**など、環境の変化に素早く対応する機動力に優れています。

【注目ポイント②】「累進配当」と「配当性向40％」を維持

株主還元の方針として、「累進配当」と「配当性向40％の維持」を明言していますから、今後の利益の高まりとともに、**これまで以上の還元が期待できる**と考えています。

累進配当とは、業績の良し悪しを問わず、配当金の支払いを増配か維持に限定し、**減**

図19 三井住友フィナンシャルグループの最近10年の配当金の推移

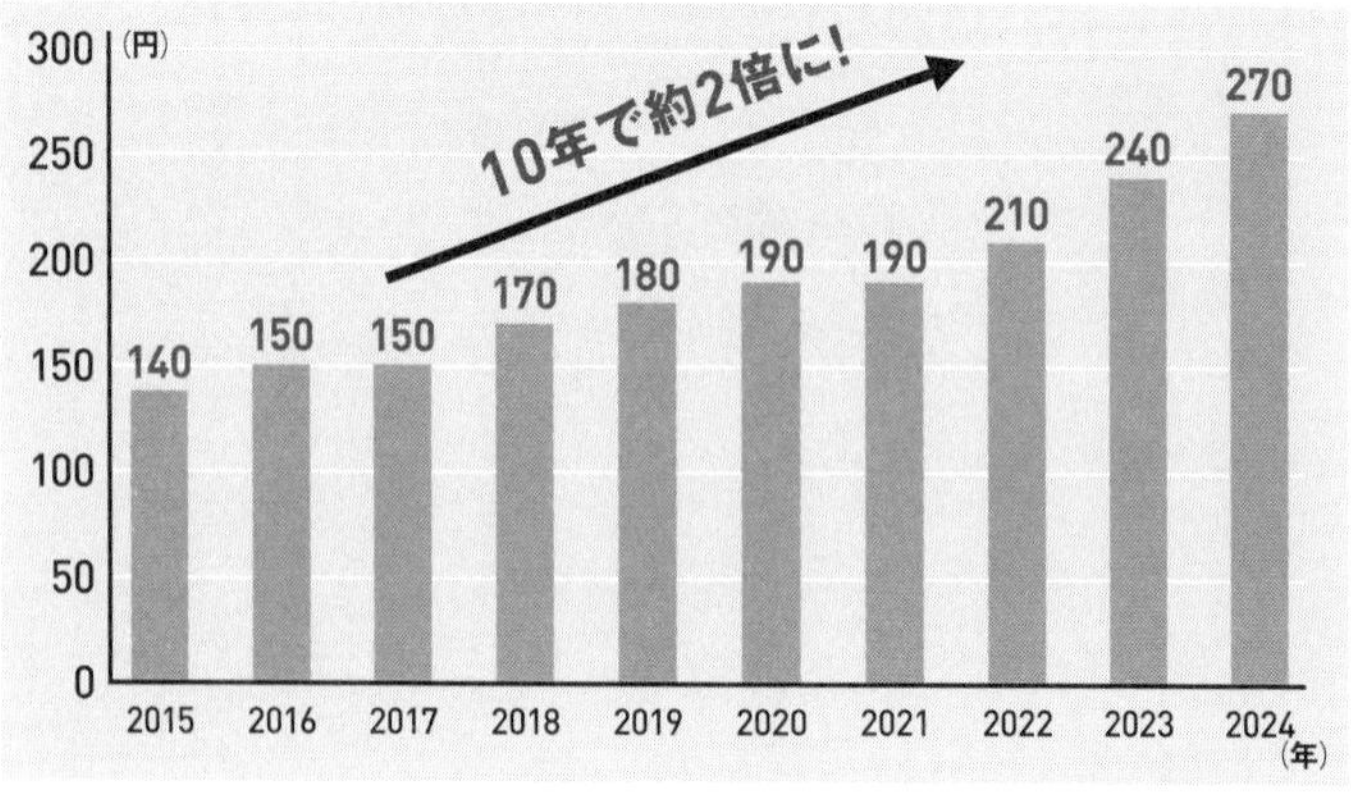

配はしないという取り組みのことを指します。

配当太郎の視点！

業績堅調で「配当余力」はまだ十分にある

最近10年で一度も減配がなく、配当性向も40％の水準をキープしていますから、「配当余力」はまだ十分にあると考えています。

金利の上昇や業績の高まりによって、株価は上昇傾向にありますが、堅調な業績を見れば、昨今の水準が割高とは思えません。

単元価格が高いため、資金的に余裕があれば、検討してもいい銘柄の一つです。

銘柄3

三菱商事（8058）

堅調な業績を背景に「累進配当」を継続中

三菱商事は、日本を代表する総合商社のトップ企業です。

世界中に天然ガスや金属などの「資源権益」を持ち、子会社だったコンビニ「ローソン」をKDDIとの共同経営にシフトして利益の向上を計画するなど、**非資源事業にも積極的に取り組んでいます。**

2024年3月期の純利益は、「9500億円」になる見通しで、過去最高だった2023年3月期の「1兆1806億円」には及ばないものの、過去2番目の高水準をキープしています。

その稼ぐチカラは圧倒的ですから、私も10年以上前から株を持ち始め、**折に触れて持ち株数を増やすことで、増配の恩恵を受け続けています。**

最近10年の配当実績は、2015年3月期に「23・33円」だった1株配が、**2024年3月期には「70円」と3倍を見込んでおり**（図20参照）、1株益も2015年3月期「82・1円」から、2024年3月期「231円」に伸びています。

三菱商事は従来から「累進配当」を続けており、堅調な業績を背景に、**株主還元に注力する姿勢を堅持**しています。

図20　三菱商事の最近10年の配当金の推移

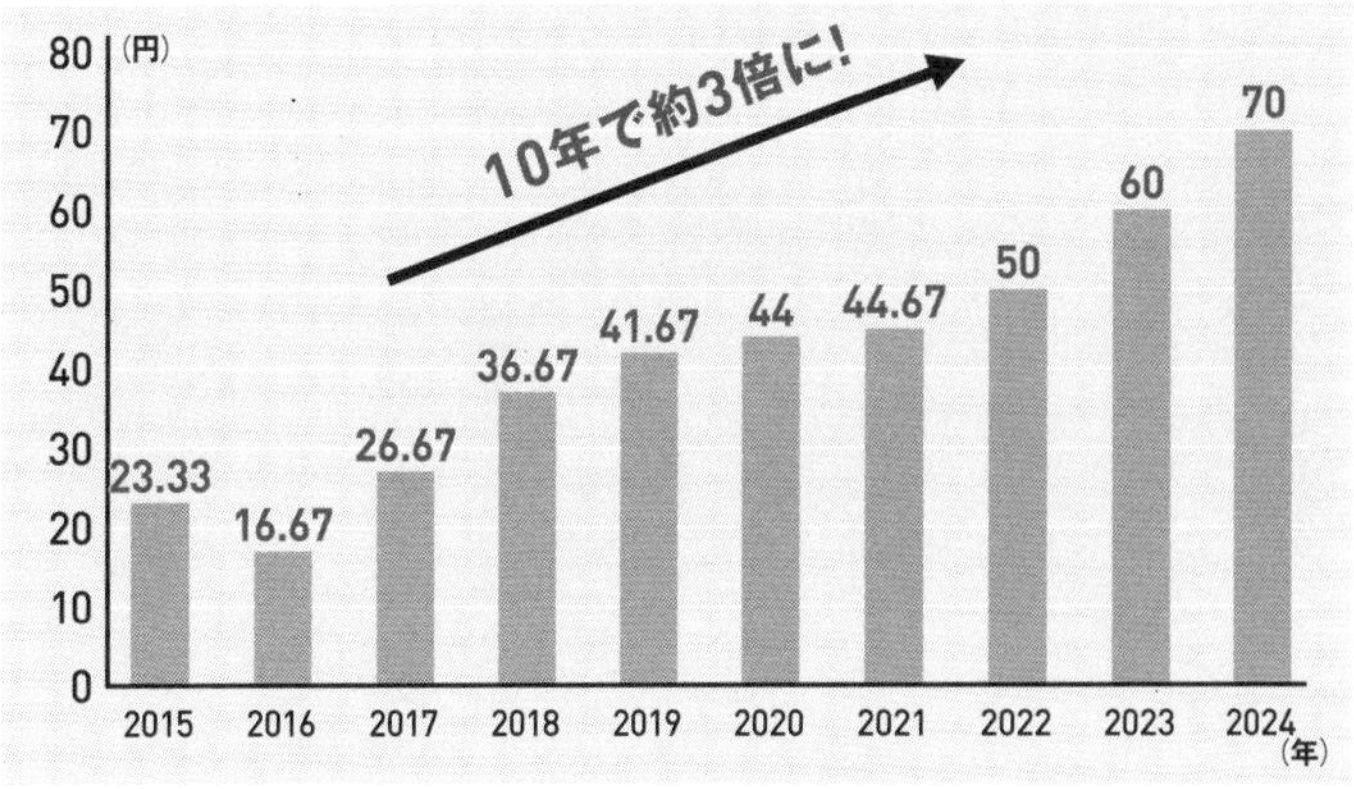

【注目ポイント①】

株式分割で「3分割」にしたのは株主重視の現れ

三菱商事が株式分割を3分割にしたのは「株主重視の姿勢の現れ」と見ています。

東京証券取引所が「個人投資家が買いやすいように1単元（100株）の購入価格を50万円未満に引き下げるように求めていた」という事情もありますが、株価が7000円超えの状況から2分割ではなく、**あえて3分割にして株価を下げた**のは、多くの人が手を出しやすくなっただけでなく、新NISAを見据えて「幅広い層の人に末永く持ち続けてほしい」という気持ちが反映されているように思います。

企業の株式分割に対する考え方は、この後に紹介する銘柄についても共通するものがあります。

【注目ポイント②】

株を持つことで、「リスクヘッジ」になる

創業150年を超える旧財閥の三菱グループは、所属企業4000社超、従業員数は87万人以上という超巨大な経済圏を形成しています。

三菱商事の株を持つということは、間接的にさまざまな企業の株を所有していることになりますから、「**リスクヘッジ**」になると考えています。

増配の恩恵だけでなく、別の魅力も兼ね備えているといえます。

【注目ポイント③】

業績は「資源価格」や「為替相場」の変動に影響される

三菱商事の業績は、世界を相手にビジネスを展開する総合商社という性格上、資源価格や為替相場の変動に大きく影響されます。

2016年3月期には、資源安によって業績が悪化したことで減配を余儀なくされており、その反省から非資源の育成に取り組んでいます。

「原油が安くなったから売りだ」とか、「為替が円高になったから売りだ」と考えるのではなく、「資源価格や為替相場によって、株価に変化が起こる」ということを理解しておけば、**一時的な株価下落の際にも安心して株を買い進める**ことができます。

配当太郎の視点！

保有する価値のある銘柄の一つ！

三菱商事は、島国である日本にとって、「なくてはならない企業」です。長い歴史を持つ総合商社として、これまで日本を担ってきた有力企業ですから、否定的に見るべき材料はありません。

保有価値のある銘柄の一つだと思います。

業種2▼【卸売業】

銘柄4 伊藤忠商事（8001）

非資源事業で業績を上げ、9期連続の増配を更新中

大手総合商社を2024年3月期の当期純利益（予想）で比較すると、次のようなランキングになります。

①三菱商事(8058)　9500億円
②三井物産(8031)　9400億円
③伊藤忠商事(8001)　8000億円
④住友商事(8053)　5000億円
⑤丸紅(8002)　4500億円

業界トップ2の三井物産ではなく、伊藤忠商事に注目する理由は、「資源」と「非資源」の違いにあります。

伊藤忠商事は、5大商社の中でも資源ビジネスの割合が低く、**資源価格の変動に業績が影響されないため、安定した利益を上げています。**

伊藤忠商事の最近10年の平均成長率を見ると、売上高が「11・49%」、純利益で「11・95%」など、多少の凸凹がありながらも、高い水準で推移しています。

先に紹介した2024年3月期でも、機械やエネルギー、化学品などの非資源分野の収益増や円安の影響もあって、**2年連続で純利益8000億円を達成**しています。

最近10年の配当実績は、２０１５年３月期が「46円」で、５年後の２０２０年３月期が「８５円」、２０２４年３月期では「１６０円」を見込んでおり、**この10年で3倍以上**に増えています（図21参照）。

１株益もしっかりと伸びており、２０１５年３月期が「１８９・１円」で、２０２４年３月期には約３倍となる「５５６円」を見込んでいます。

伊藤忠商事も「累進配当」銘柄であり、**9期連続の増配を継続**するなど、安定した株主還元をしています。

図21 伊藤忠商事の最近10年の配当金の推移

【注目ポイント①】
非資源事業が主力のため、安定した業績が見込める

伊藤忠商事は、繊維や機械などの「海外トレード（貿易）」と「ブランド事業」を2本柱にして、非資源事業を主力にしています。

資源と非資源の割合は、**三菱商事が「6：4」、三井物産が「7：3」に対して、伊藤忠商事の場合は「3：7」**と圧倒的に非資源事業が占めています。

非資源事業は、資源事業と比べて価格変動のリスクが少ないため、安定した業績が見込めることが伊藤忠商事の一番の強みといえます。

【注目ポイント②】
中国経済の失速が「どう影響するか？」が懸念材料

これまでは、中国関連の事業分野で圧倒的な強さを発揮してきましたが、中国は日本のバブル崩壊後のような経済状況になっています。

中国経済の失速が、どんな影響を及ぼすのか……が懸念材料となります。

配当太郎の視点！

商社株は「資源」と「非資源」の2つを持つ

商社株で配当株投資の「地盤作り」を目指す場合は、**三菱商事と伊藤忠商事という資源と非資源の2つの銘柄を持っておけば、リスクヘッジ**になります。

伊藤忠商事は、収益力が高く、株主還元にも積極的ですから、これからも増配が期待できると考えています。

業種3▼【情報通信業】

銘柄5

NTT（9432）

過去10年で配当金が3倍！ 通信キャリアのガリバー企業

NTT（日本電信電話）は、国内通信キャリア最大手のガリバー企業です。

NTTドコモ、東日本電信電話（NTT東日本）、西日本電信電話（NTT西日本）、

NTTデータ、NTTコミュニケーションズといった主要5社を中心に、安定した業績を上げています。

NTTの連結子会社は、総計918社に及び、従業員数は約33・8万人。

2023年3月期の決算でみると、**連結営業収益（売上高）は13兆1362億円、当期純利益は1兆2131億円という巨大スケール**です。

最近10年の配当実績は、2015年3月期の1株配が「1・8円」だったのに対して、2024年3月期は「5円」を見込んでおり、**この10年で配当金は3倍近く**になっていま

図22 NTTの最近10年の配当金の推移

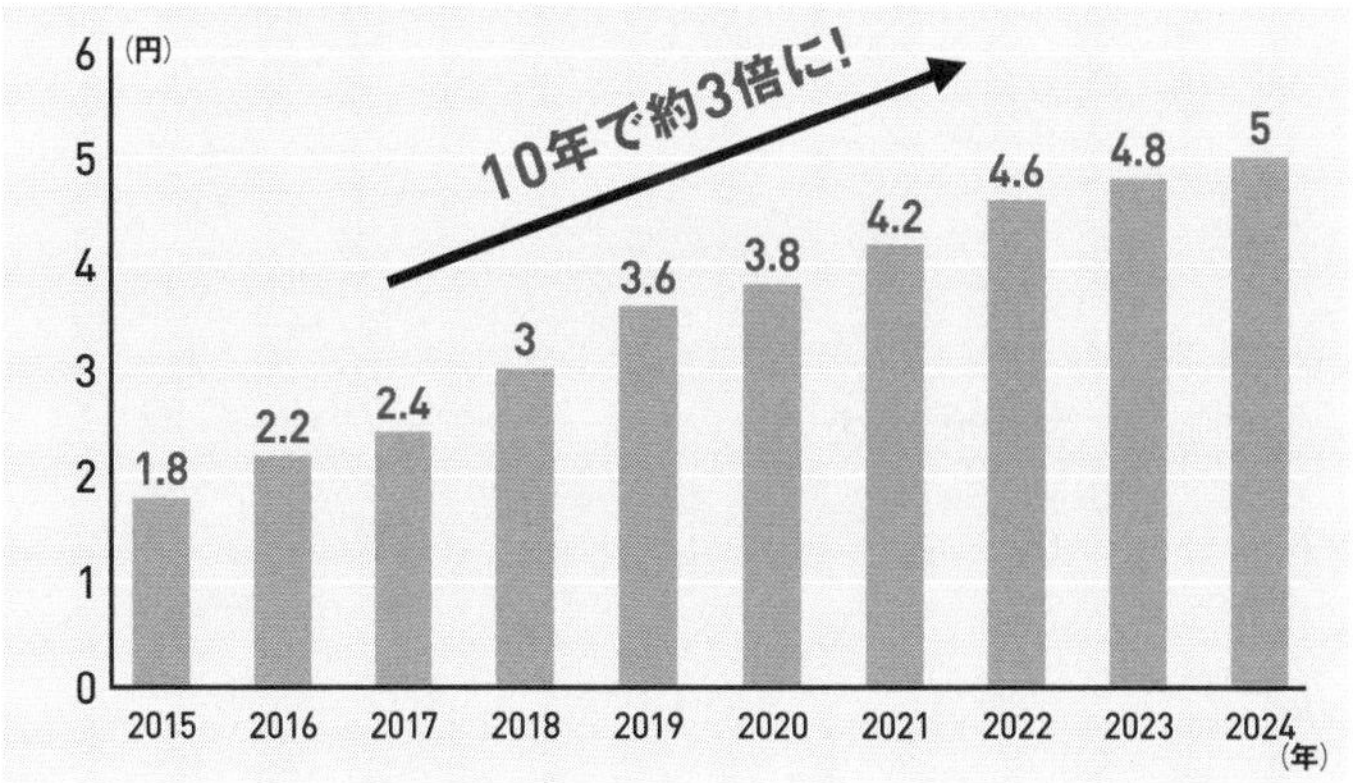

す（図22参照）。

すでに配当株投資をやっている人の中には、NTT株を長期保有している人も多いと思いますが、2004年3月期の1株配は「0・5円」でしたから、**20年近く保持していれば、配当金は10倍になっている**ということです。

1株益の推移は、2015年3月期が「4・7円」だったのに対して、2024年3月期には「14・9円」を見込んでいますから、こちらも過去10年間で約3倍に伸びています。

NTTの「中期経営計画2027」には、「**継続的な増配の実施を基本的な考え方とする**」との記述があるため、この先の増配にも期待が持てます。

【注目ポイント①】

新NISAで買いやすい銘柄になった

2023年7月の株式25分割によって、単元株（100株）の投資額は、**約40万円か**

ら2万円以下になりました。

新NISAで配当株投資を始める人にとっては、非常に買いやすい銘柄になったといえます。

【注目ポイント②】

インフレが進むと、収益を圧迫する可能性がある

これはNTTに限らず、他の通信キャリアにも共通することですが、今後の景気の動向によっては、業績に影響が出る可能性があります。

2024年の日本経済は、さまざまなモノの値段が上がり、多くの産業で価格の上昇が進んでいますが、通信キャリアの場合は、電気、ガス、水道と同じように、公共サービス的な位置づけにあるため、**すんなりと通信料を値上げすることはできない**状況にあります。

今後、インフレが進んで、**コスト負担が増加した場合、それを価格転嫁できるかどうか**……を注視していく必要があります。

菅政権時代に実施されたような「官製値下げ」の動向も、通信キャリアを取り巻く懸念材料の一つといえます。

配当太郎の視点！

稼ぐチカラが極端に落ちる心配はない！

NTTの主な収入源は、**電話などの音声サービスに代わって、ブロードバンド関連の通信事業になっています。**

「dポイント」などの非通信事業にも積極的に取り組んで収益の安定化を図っているため、今後も稼ぐチカラが極端に落ちる心配はないだろうと考えています。

単元株が2万円以下になったメリットを活かして、小マメに買い進めていけば、その恩恵を享受することができます。

業種3▼【情報通信業】

銘柄 6

KDDI（9433）

安定的な株主還元を継続している「減配」のない企業

ＫＤＤＩは、国内の通信キャリア第2位の総合通信企業です。

「ａｕ」のモバイル事業を筆頭に、じぶん銀行やａｕカブコム証券など、**非通信ビジネスにも積極的に取り組んで業績を伸ばしています。**

２０２４年2月には、三菱商事と手を組んでローソンの共同経営に乗り出すことを発表して、**次世代型コンビニの誕生に期待**が高まっています。

２０２３年3月期の連結営業利益は前年比1・4％増の「1兆７５７億円」となり、**22期連続の増益**を達成しています。

２０２４年3月期は、連結営業利益は「1兆８００億円」を見込んでおり、引き続き増収増益を目指しています。

最近10年の配当実績は、2015年3月期の1株益が「158円」で、1株配は「56・67円」でしたが、2024年3月期は1株益が「326・6円」に対して、「140円」の1株配を見込んでいます。

配当金は、**ここ10年で2倍以上**になっています(図23参照)。

【注目ポイント①】
「減配のない企業」であることに魅力と凄みを感じる

KDDIは2023年3月期まで、「21期連続増配」を達成していますが、私は連続

図23 KDDIの最近10年の配当金の推移

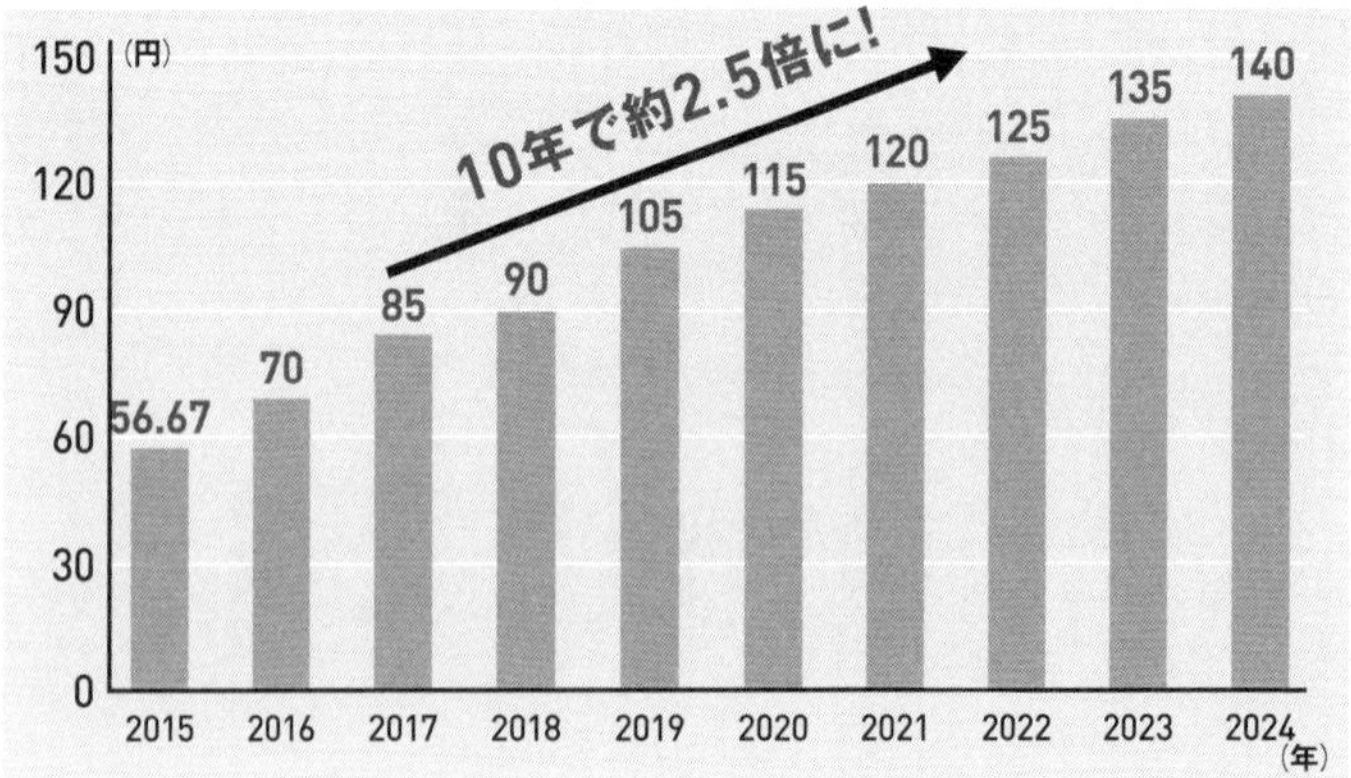

配当よりも、「**減配のない企業**」であることに魅力と凄みを感じています。

2025年3月期までの中期経営戦略でも、「安定的な配当を継続することを基本」として、「持続的な成長への投資を勘案しながら、**連結配当性向40%超を維持する方針**」と宣言しています。

株主還元志向の強い企業ですから、**1株益が伸びていけば、それに応じて1株配も増やしていく**と見ています。

【注目ポイント②】
親会社が存在せず、機動力に富んでいる

KDDIの前身は1985年の電電公社民営化の際に設立された「第二電電」ですから、通信キャリア業界のトップであるNTTに対して、「追いつき、追い越せ」の気迫が感じられます。

NTTと比べると民間色が強いため、フットワークが軽く、グローバル・ビジネスを積極的に推進するなど、**機動力に富んでいる**という強みがあります。

ＮＴＴドコモにはＮＴＴ、ソフトバンクにはソフトバンクグループ（９９８４）など、それぞれ親会社が存在しますが、**ＫＤＤＩには筆頭株主はいても親会社がいません。**

そうした自由度の高さが、ＫＤＤＩの躍進を支えてきたと考えています。

配当太郎の視点！

今後の「非通信事業」の伸びに期待したい

通信キャリア業界は、参入障壁の高いビジネスモデルの代表格ですが、ＫＤＤＩの場合もＮＴＴと同じように、インフレによる業績への影響や、官製値上げの動向については引き続き注視していく必要があります。

持分法適用会社化したローソンのような**「非通信事業」の新たな展開が、今後も継続されることを期待**しています。

業種3▼【情報通信業】

銘柄 7

沖縄セルラー電話（9436）

「23年で50倍」の増配を続ける沖縄に特化した注目銘柄

大型銘柄が居並ぶ中で、沖縄セルラー電話は異色の存在といえます。

時価総額は1760億円ですから、KDDIやソフトバンクの10分の1、NTTと比べれば**100分の1のスケール**ですが、沖縄に「特化」して、業績を上げている注目の銘柄です。

沖縄セルラー電話は、KDDIの上場子会社です。

KDDIは、日本各地にあった子会社を統合して、現在の形になっていますが、沖縄だけは子会社を残し、それを上場させたのが沖縄セルラー電話です。

現在の**県内シェアは50%を超えて**おり、株主には沖縄銀行や沖縄電力といった地元の有力企業が顔を揃えるなど、**沖縄の政財界が一丸となって応援している企業**です。

沖縄セルラー電話は、2003年3月期から連続増配を継続しており、2024年3月期の配当予想「1株配110円」が実施されれば、**22期連続増配**となります（図24参照）。

連続増配が始まる直前の2002年3月期の1株配は「2・19円」でしたから、「1株配110円」を達成すると、**配当金は23年間で50倍に増えています。**

1株益も順調な伸びを示しており、10年前の2015年3月期が「122・5円」

図24　沖縄セルラー電話の最近10年の配当金の推移

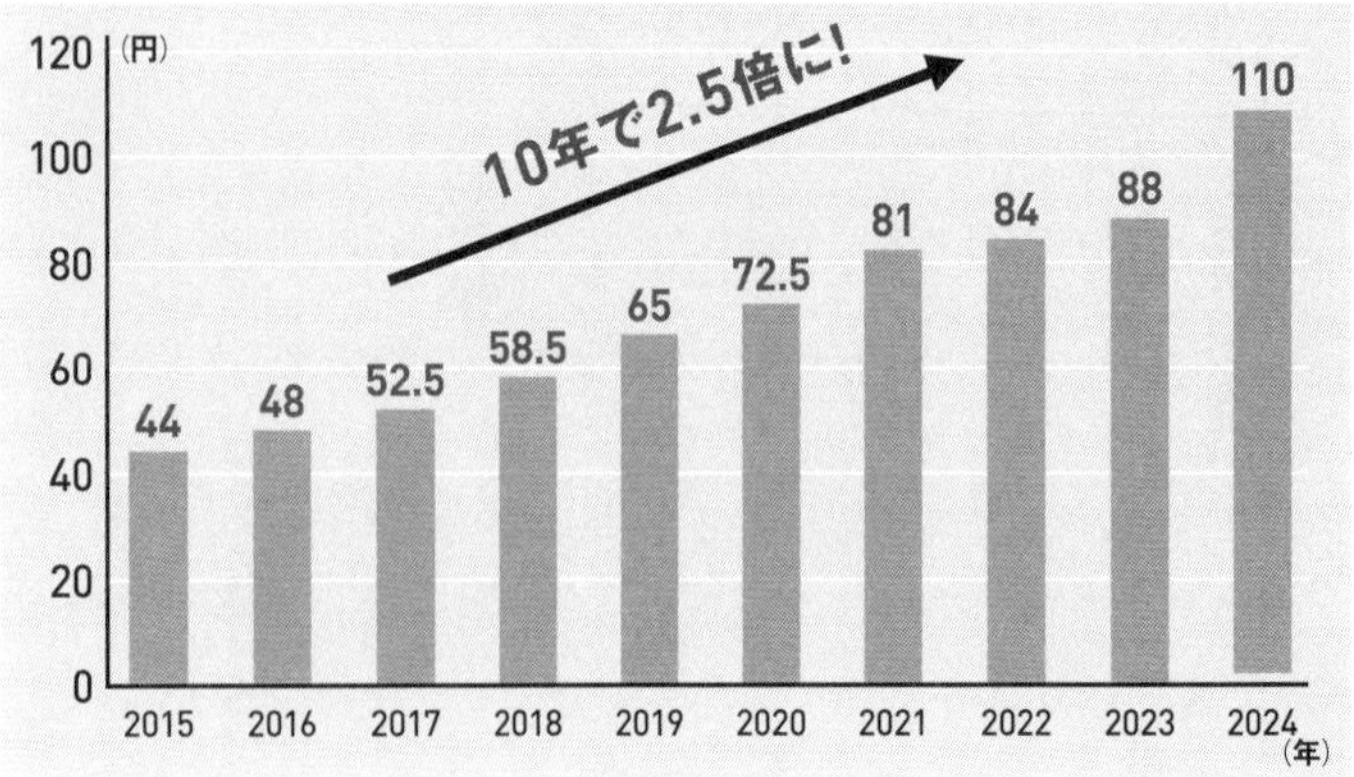

だったのに対して、2024年3月期は「248・2円」と2倍以上になっています。
この数字が、堅調な業績の推移を物語っています。

【注目ポイント①】
シェアを獲得しているため、株価は上昇傾向にある

沖縄は人口が増えており、しっかりとシェアを獲得している企業のため、安心して持ち続けられる銘柄の一つです。
現在、沖縄セルラー電話の株を持っている投資家は、長期投資を視野に入れていると考えられます。株を手放す可能性が低いため、**市場に流通する株数が減ることにより、結果的に株価は上昇傾向**にあります。

【注目ポイント②】
沖縄特有の「地政学」的なリスクを抱えている

沖縄セルラー電話は、過去も現在も業績を伸ばして、株主還元もしっかりとやっている企業ですが、沖縄という地域に特化していることによって、中国との関係による

「台湾有事」の問題など、**地政学的リスク**を抱えています。

地政学的リスクとは、特定の地域が抱える政治、軍事、社会的な緊張の高まりが、地理的な位置関係によって、他の地域の政治や経済に影響を与えるリスクを指します。

少し考えすぎかもしれませんが、こうしたリスクが存在することも、頭の片隅に置いておく必要があります。

配当太郎の視点！

「地元」に特化して、利益を株主に還元している優良企業

沖縄セルラー電話は、沖縄という「地元」に特化した企業であり、着実に利益を生みながら、**生んだ利益は株主に還元する**……という素晴らしい企業です。

こうした魅力的な上場企業があることを、ぜひ知っておいてほしいと思います。

業種4▶【保険業】

銘柄8

東京海上ホールディングス（8766）

損保事業のグローバル化に成功し、配当金は10年で約4倍!

東京海上ホールディングスは、東京海上日動やイーデザイン損保を傘下に持つ損害保険業界の超トップ企業で、**その収益力は損保業界でも飛び抜けています。**

2024年3月期の決算通期予想によると、メガ損保3社の純利益は次のようになっています。

①東京海上ホールディングス（8766）　6700億円
②MS&ADインシュアランスGH（8725）　3500億円
③SOMPOホールディングス（8630）　3240億円

東京海上は、資産運用の収益拡大や、海外を中心とした保険料の引き上げ、前年に膨らんだ新型コロナ関連の保険金支払いが一巡したこともあり、2024年3月期の純利益予想を、5750億円から前期比79％増の6700億円に上方修正しています。

最近10年の配当実績を見ると、2015年3月期に「31・67円」であった1株配は、2023年3月期には「100円」となり、2024年3月期には「121円」と**4倍に近い水準**となっています（図25参照）。

1株益は2015年3月期が「108円」、2024年3月期は「339・2円」を見込んでおり、こちらも大きく伸びています。

【注目ポイント①】

保険事業のグローバル化を積極的に推進

東京海上ホールディングスの強みは、**海外の保険事業に注力して、ビジネスのグローバル化を進めている**ことです。

現在では、利益の約56%を海外事業が担っており、海外と国内の事業バランスを整えることで、国内市場が低迷した場合でも、海外で安定した利益を上げる仕組みを作っています。

【注目ポイント②】
積極的なM&Aによって安定的な利益の向上を図る

東京海上ホールディングスは、安定的な利益向上を目指して、**積極的なM&A(企業の合併と買収)に取り組んでいる**ことです。

ビジネスのグローバル化に成功したのも、それが功を奏した結果といえます。

図25 東京海上ホールディングスの最近10年の配当金の推移

配当太郎の視点！

利益率の高い「ストック型ビジネス」の超トップ企業！

保険業界は契約者から先に保険料が得られる「ストック型ビジネス」ですから、得られた保険料を他の事業に投資することによって、**利益率の高いビジネスを展開すること**ができます。

こうした強みを持った業界のトップ企業であれば、この先の一層の飛躍に期待して、前向きに保有したい銘柄です。

業種5▼▼【輸送用機器】

銘柄9

トヨタ自動車（7203）

堅実な増配を続ける「時価総額日本一」の超トップ企業

トヨタ自動車は日本を代表する企業であり、2024年3月に日本企業としては初めて**時価総額が「60兆円」を突破**しています。

2023年には、グループ企業の豊田自動織機やダイハツ工業の不正事件などもありましたが、堅調な業績を継続しており、2024年3月期の純利益は前年比83・6％増の「4兆5000億円」となる見通しです。

最近10年の配当実績は、2015年3月期の1株配が「40円」で、2024年3月期は、本書を執筆の段階で発表されていませんが、これまでの傾向から考えれば、増配する可能性が高いと見ています。

今期は難しいかもしれませんが、**1株配が「80円」になれば、配当金は約10年で2倍となります**（図26参照）。

1株益も着実に伸びており、10年前の2015年3月期が「137・6円」だったのに対して、2024年3月期は「333・9円」と2倍以上を見込んでいます。

この勢いは、これからも継続していくだろうと見ています。

【注目ポイント①】
得意の「ハイブリッド車」が欧米市場で絶好調

図26 トヨタ自動車の最近10年の配当金の推移

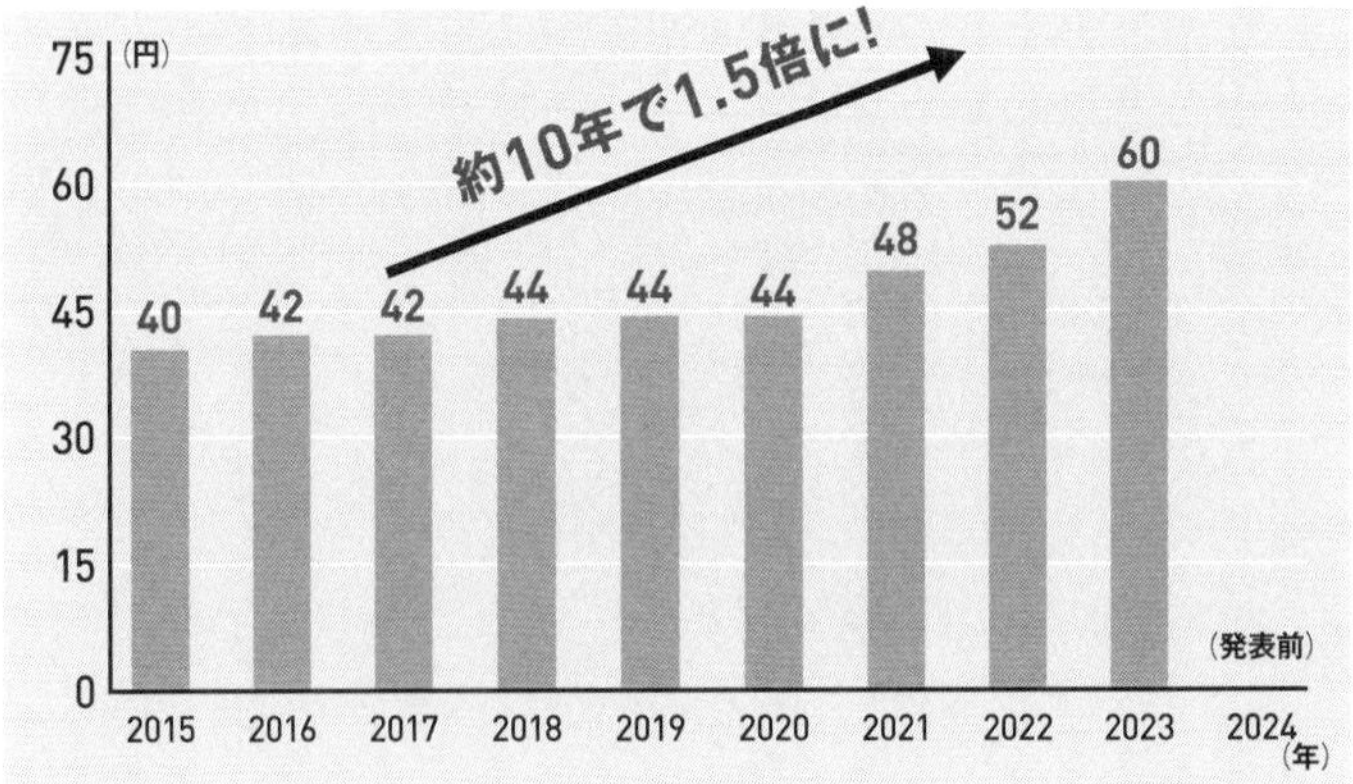

世界的に電気自動車（EV）の販売が伸び悩んでいますが、**トヨタ自動車は得意とするハイブリッド車（HV）が好調**で、アメリカやヨーロッパで実績を重ねています。

世界の自動車業界で見ると、時価総額60兆円はイーロン・マスク率いる「テスラ」に次ぐ世界第2位となりますが、販売台数ではテスラを上回っていますから、2020年にテスラに抜かれるまで守っていた首位の座を奪還する日も近いと思っています。

【注目ポイント②】
値上げをしながら、販売台数を伸ばしている

トヨタ自動車の現在の強さは、値下げをするのではなく、**値上げをしながら販売台数を伸ばしている**ことにあります。

それは海外市場だけでなく、国内市場でも同じです。

トヨタ自動車は日本全国に5000を超える販売店があり、その数は**本田技研工業や日産自動車の2倍以上**です。

「どこに住んでいても、トヨタ車の相談ができる」というアドバンテージはライバル企業を完全に圧倒しています。
この他にも、「故障が少ない」、「運転しやすい設計」、「リセールバリューが高い」といったイメージが定着していますから、この先も堅調な業績が続くと考えています。

配当太郎の視点！

一番の強みは「多種多様」な技術を持っていること

トヨタ自動車の強みは、ハイブリッド車をはじめ、ガソリン車、ディーゼル車、水素エンジン車など、エンジンやモーターなど、多種多様な技術を持っていることです。

これまでは、EV（電気自動車）市場の参入に慎重な構えを示してきましたが、2026年までに**世界で年間150万台のEVを販売する**という目標を掲げています。
長い目で見れば、世界の自動車市場は電気自動車の流れになっていくのでしょうが、トヨタ自動車の考え方が、電気自動車オンリーではないところに、魅力と凄み、将来の成長性を感じています。

業種5▶▶【輸送用機器】

銘柄10

ヤマハ発動機（7272）

「マリン事業」で業績を上げている注目の増配銘柄

ヤマハ発動機は、オートバイを中心とした輸送用機器を製造するメーカーであり、サッカーJリーグのジュビロ磐田の母体としても有名です。

ピアノの生産量で世界シェアの第1位を占めるヤマハ（旧・日本楽器製造）から1955年に分離して、オートバイ製造販売業としてスタートしています。

ヤマハ発動機というと、バイク事業をイメージしますが、実際は電動アシスト自転車や産業用ロボット、無人ヘリコプター、ヨットなどのマリン製品など、**15を超える事業を展開して世界中に製品を提供**しており、**海外売上高比率が90%を超えているグ**ローバル・カンパニーです。

最近10年の業績は、２０１５年12月期の純利益が「６００億円」だったのに対して、コロナ禍による凸凹を経て、２０２４年12月期には「１７５０億円」を見込んでいます。

配当実績は、10年前の２０１５年12月期１株配が「14・67円」、２０２０年12月期はコロナ・ショックの影響で「20円」（前年同月期比－10円）に減配していますが、２０２２年12月期が「38・33円」、２０２３年12月期が「41・67円」と順調に回復しています。

２０２４年12月期は「50円」を見込んでおり、４期連続の増配を予想しています（図27参照）。

図27 ヤマハ発動機の最近10年の配当金の推移

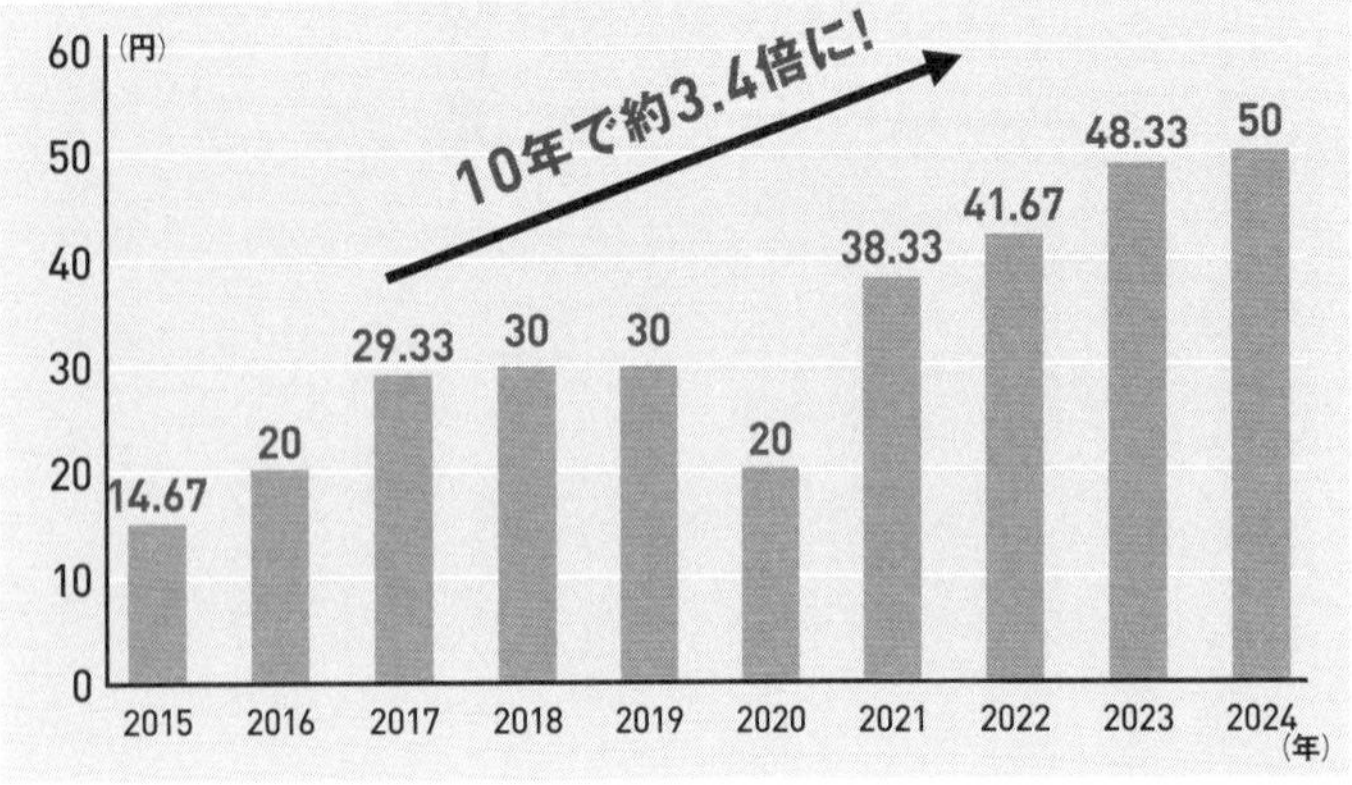

1株益の推移は、2015年12月期が「57・3円」だったのに対して、2024年12月期は「177・3円」を見込むなど、**3倍を超える伸び**を示しています。

【注目ポイント①】
「総還元性向40%」を維持する株主還元に前向きな企業

ヤマハ発動機は、業績を上げて利益を積み重ねており、1株配もしっかりと伸ばしていますが、注目は「**総還元性向**」という視点に立って株主還元をしていることです。

総還元性向とは、配当支払額に自社株買いの金額を足して、純利益との割合を考える……という株主還元のスタイルです。

その計算式で比較すると、配当性向との違いが理解できます。

「配当性向」(%)= 配当支払総額 ÷ 当期純利益 ×100

「総還元性向」(%)=(配当支払総額+自社株買い総額)÷当期純利益×100

ヤマハ発動機は、「総還元性向は中期経営計画期間累計で40%を目安とする」ことを株主還元方針にしています。

自社株買いに前向きな企業ですから、今後も1株益が上昇していけば、増配につながる可能性が高いと考えています。


【注目ポイント②】

営業利益の4割以上を「マリン事業」が稼いでいる

現在の日本では、オートバイ人口は減少傾向にありますが、新興国を中心として根強い需要があり、**二輪車の売り上げ世界第4位**を占めています。

直近の2023年12月期の本決算でも、二輪車を中心としたランドモビリティ（意味・地上を移動する）事業が6割以上を占めていますが、私が注視しているのは「マリン事業」の躍進です。

現時点では、売上高こそ全体の2割強の水準ですが、**営業利益の4割以上をマリン事業が稼ぎ出しています。**

現在では、**船外機やウォータービークル（水上オートバイ）の販売台数で世界のトッ**

プに立っていますから、この分野が大きく成長すれば、さらなる利益の高まりが期待できます。

配当太郎の視点！

「富裕層向けビジネス」の躍進に注目したい！

ヤマハ発動機の公開資料によれば、ランドモビリティ事業の営業利益率が10％程度なのに対して、マリン事業は20％超だといいます。

オートバイに比べて、ヨットなどの船舶は2倍も儲かるということです。

トヨタ自動車が高級車「レクサス」に注力しているように、「富裕層向けビジネス」は利益率が高く、企業の業績を押し上げる原動力となります。

ヨットなどのマリン事業にはロマンがありますから、ヤマハ発動機が今後、どんな夢を見させてくれるのか、大いに期待しています。

銘柄11

アサヒグループホールディングス（2502）

海外に市場を拡大するビール業界のトップ企業

アサヒグループホールディングスは、ビールなどの酒類を製造・販売する「アサヒビール」、清涼飲料水を製造・販売する「アサヒ飲料」、食品や健康食品、医薬品を製造・販売をする「アサヒグループ食品」などを傘下に置く持ち株会社です。

最近10年の純利益の推移は、2015年12月期が「764億円」で、2019年12月期が「1422億円」でしたが、2020年12月期はコロナ禍の影響で「928億円」に落ち込みました。

その後は、2021年12月期が「1535億円」、2023年12月期は「1641億円」と順調に業績を伸ばし、コロナ禍を克服した2024年12月期は「1905億円」

を見込んでいます。

2015年12月期の1株益が「166・3円」だったのに対して、2024年12月期は「376円」ですから、**10年で2倍以上**になっています。

この時期の1株配は、「50円」から「132円」となっているため、**もう少しで3倍に届く勢い**です(図28参照)。

配当性向は、10年前が「30%」で、近年は「36%」くらいの水準です。

株主還元方針として、**「配当性向は35%程度を目安とした安定な増配」**を心がけており、「2025年までに40%を目指す」といいます。

【注目ポイント①】

積極的な海外進出によって業績は右肩上がり

アサヒグループホールディングスは、ビール醸造所を保有するヨーロッパ、オセアニア、日本の3拠点を中心に、北米や南米、アジアでも売り上げを伸ばしています。

2019年には、**オーストラリアのビール業界最王手カールトン&ユナイテッドブリュワリーズを買収**するなど、海外でのM&Aも積極的に進めています。

日本のビール市場は、人口減少や若者のビール離れによって、市場規模の拡大は難しい状況ですが、**海外進出によって業績は右肩上がり**です。

【注目ポイント②】
一度築き上げたブランドは
そう簡単には崩れない

2023年の国内ビール市場のシェアは、**アサヒ「36.5%」**、**キリン「35.7%」**、**サン**

図28 アサヒグループホールディングスの最近10年の配当金の推移

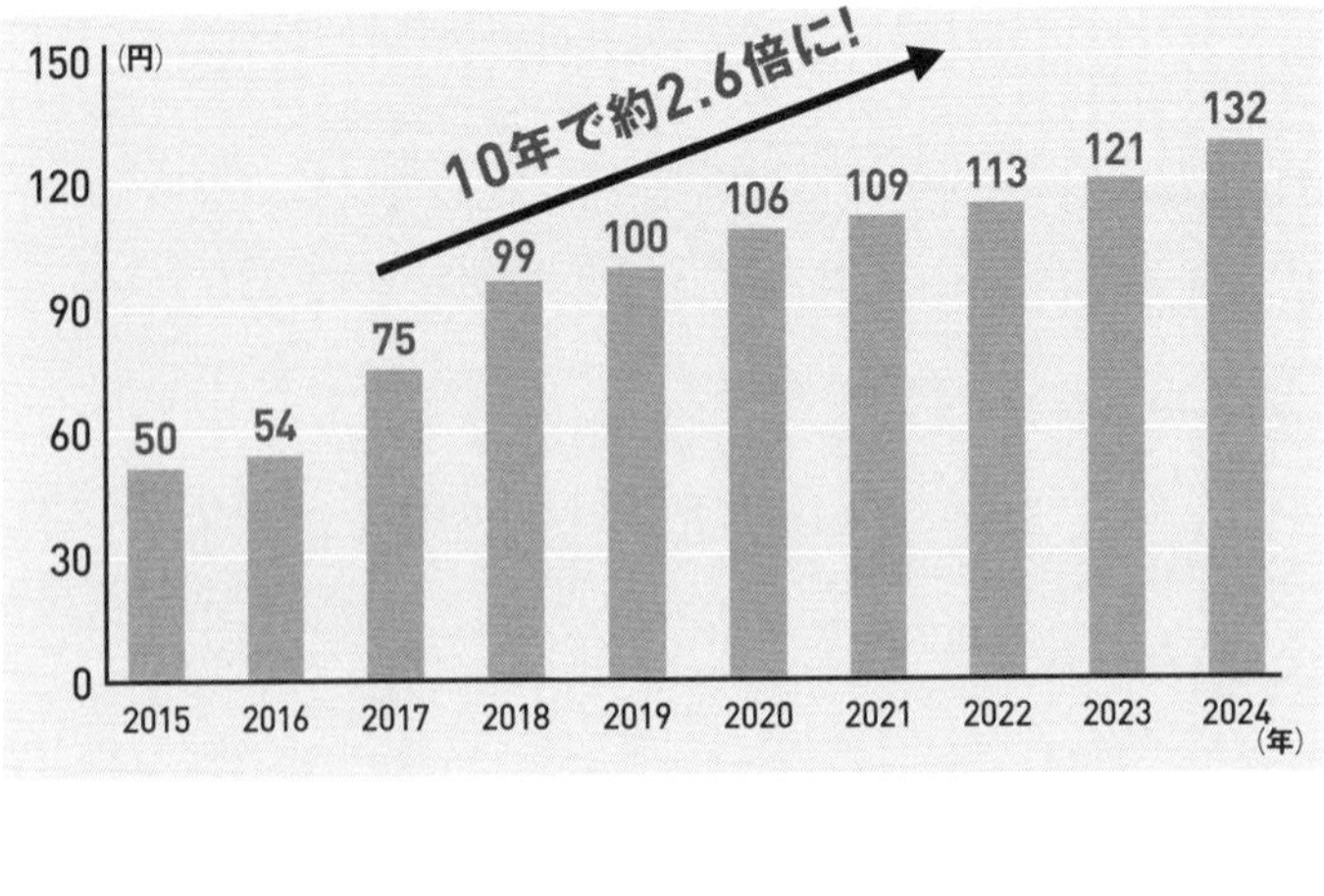

トリー「16・2%」、サッポロ「11・6%」となっています。

その原動力となっているのは、1987年発売の「アサヒスーパードライ」が持つ圧倒的なブランド力です。

一度築き上げたブランドは、そう簡単には崩れませんから、主軸の商品をしっかり持ちながら、国内外で売り上げを伸ばしていくという姿勢に頼もしさを感じています。

【注目ポイント③】

為替の動きも注視する必要がある

これはビールに限らず、清涼飲料水や食品の分野でも同じですが、消費者には安心と安全を求めてブランド力のある商品を購入する傾向があり、それが新規参入を拒むガードの役割を果たしています。

ブランドを確立した企業が強い理由も、そこにあります。

アサヒやキリンなど、飲食に関係する銘柄は「内需株」（国内需要の高まりで収益が

上昇する銘柄）**と考えられてきました**が、現在は海外のマーケットを視野に入れて市場を拡大していますから、為替の動きも考慮しながら注視していくことが大切です。

配当太郎の視点！ 1株益がしっかりと上昇していることが安心材料

アサヒグループホールディングスは、**配当性向を40％まで引き上げる**と宣言しています。

海外進出を加速化させて利益が高まれば、1株配がドンドンと伸びていく可能性があります。

10年前と比べて、1株益がしっかりと上昇しているところも安心材料と見ています。

業種6▼【食料品】

銘柄12

キリンホールディングス（2503）

「非ビール事業」の躍進が際立つ期待の増配銘柄

キリンホールディングスは、キリンビールや清涼飲料水メーカーのキリンビバレッジ、ワイン製造・販売のメルシャンなどを傘下に持つキリングループの持ち株会社で、三菱グループに属しています。

その中核となるキリンビールは、発泡酒や新ジャンル（第三のビール）で高いシェアを占め、**2018年3月に発売した新ジャンル「本麒麟」は爆発的なヒット商品**になっています。

最近10年の業績は、2015年12月期は、子会社のブラジルキリン社で減損損失（過去に投資した資産に対して、資産価値を切り下げて損益計算書に反映すること）を出していているため、純利益は「－473億円」となっていますが、2024年12月期は「1310億円」を見込んでいます。

配当実績は、減損損失を出した2015年12月期でも、1株配は前年同月期と同じ「38円」を維持しており、2019年12月期で「64円」、**2024年12月期で「71円」と着実に増配しています**（図29参照）。

最近10年の1株益は、2015年12月期は「－51・9円」となりましたが、多少の凸凹を繰り返しながらも、2024年12月期は「161・8円」を見込んでいます。

図29 キリンホールディングスの最近10年の配当金の推移

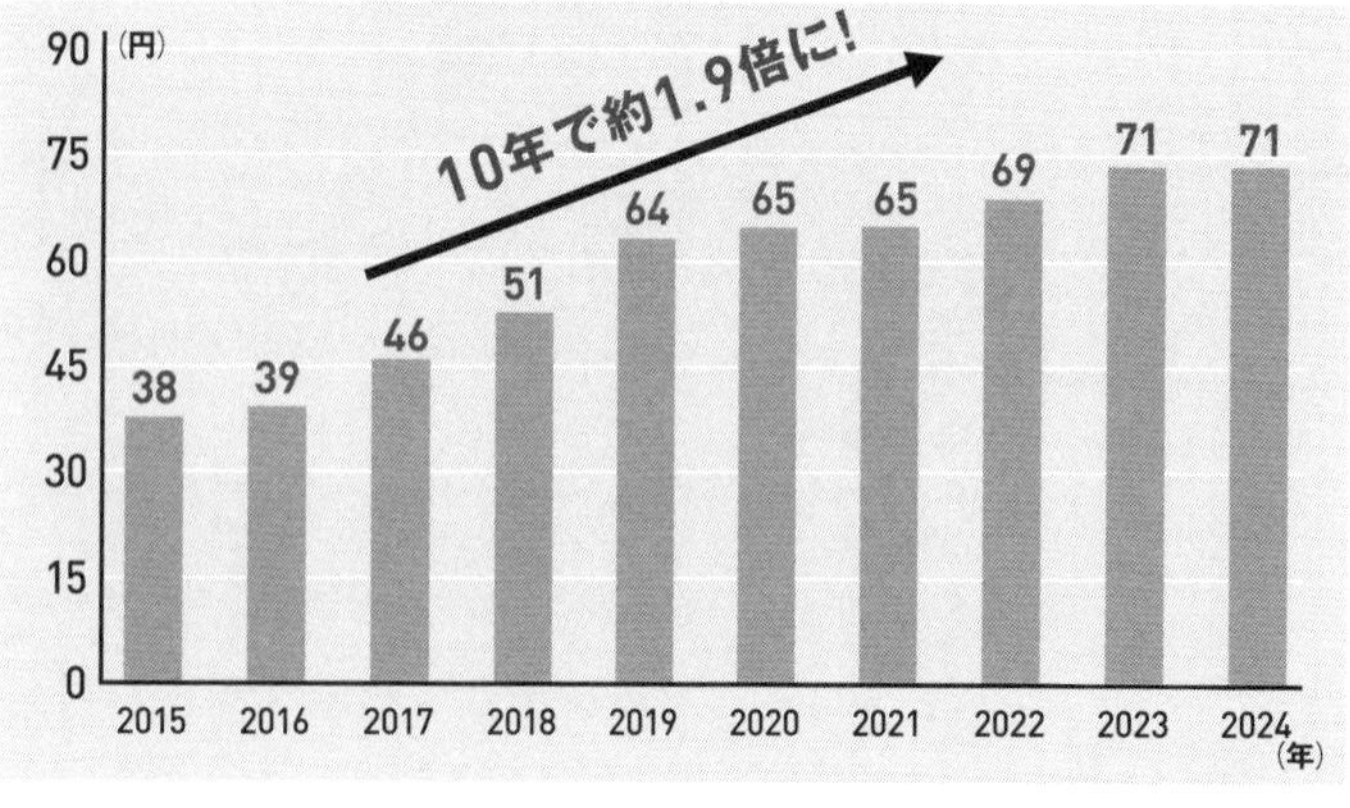

【注目ポイント①】

医療品やバイオケミカル事業が業績好調

一般消費者の感覚では、「キリンといえば、キリンビールであり、午後の紅茶だよね」と考えがちですが、**現在のキリンは医療品やヘルスケア商品、バイオケミカル事業などに注力**しており、近年の順調な成長を支えているのは、そうした「非ビール事業」の躍進によるものです。

経営の多角化を図ることによって、グループ全体でバランスのいい事業展開を目指していますから、その成長性は注目に値すると考えています。

【注目ポイント②】

上場子会社「協和キリン」の動向に注目

キリンホールディングスの上場子会社である「**協和キリン**」(4151)の動向も、関心を持ってチェックする必要があります。

協和キリンは、2008年にキリンファーマと協和発酵工業が合併して誕生した製薬企業ですが、抗体技術を核として、最先端のバイオテクノロジーを駆使する研究開発型企業として成長を続けています。

現在の時価総額は「1兆5000億円」ですから、キリンホールディングスの「1兆8000億円」を追い抜きそうな勢いを持っています。

今後のキリンの成長を見抜くための「試金石」になると考えています。

配当太郎の視点！

キリンはビールだけの企業ではない！

キリンは国内のビール市場でアサヒとデッドヒートを繰り広げていますが、2019年には**アメリカのクラフトビール最大手ニュー・ベルジャン・ブルーイングを買収**するなど、海外進出にも積極的です。

そこに非ビール部門の躍進が加わっていますから、今後の増配に期待が持てる銘柄の一つと見ています。

業種6▼【食料品】

銘柄13

JT（2914）

利益率が高い「独占企業」のため、今後も増配が期待できる

ＪＴ（日本たばこ産業）は、日本国内のたばこ製造を独占している企業です。

たばこの国内シェアは約60％を占めており、海外にも積極的に事業展開して、**世界第3位のたばこメーカー**の位置にあります。

男性の喫煙率が30％を下回るなど、日本では「たばこ離れ」が加速していますが、発展途上国では嗜好品として根強い人気があるため、ＪＴの**利益の70％以上は海外のたばこ事業**が占めています。

最近10年の業績を見ると、２０１５年12月期の純利益は「４８５６億円」となり、過

去最高益を出しています。

2017年12月期から2021年12月期までは3000億円台が続き、その後は4000億円台に回復して、2024年12月期には「4550億円」を見込んでいます。

配当実績は、2019年12月期までは**16期連続の増配**を続けて1株配は「154円」となっていましたが、2020年12月期にはコロナ禍の影響で「154円」となって連続増配記録がストップしており、**2021年12月期は「140円」に減配しています。**

その後は、海外事業の好調や円安の影響もあって、2022年12月期が「188円」、**2023年12月期が「194円」と順調に回復**しています（図30参照）。

1株益の推移を見ると、2015年12月期が「270・5円」だったのに対して、2020年12月期は「174・9円」まで下げていますが、その後は2021年12月期が「190・8円」、2022年12月期が「249・5円」と回復して、2024年12月期は「256・3円」を見込んでいます。

日本のたばこ離れ現象を見ると、ＪＴに投資することが不安になる人もいるかもしれませんが、私はまったく別の視点からＪＴの魅力を見ています。

【注目ポイント①】

増配の可能性が高い例外的な高配当銘柄

ＪＴの株主還元方針は、「資本市場における競争力のある水準として、**配当性向75％を目安**（±**５％程度の範囲内で判断**）**とする**」となっています。

２０２３年12月期で見ると、１株益が「２７１・７円」で、１株配が「１９４円」ですから、**配当性向は確かに「71％」**となり、

図30 JTの最近10年の配当金の推移

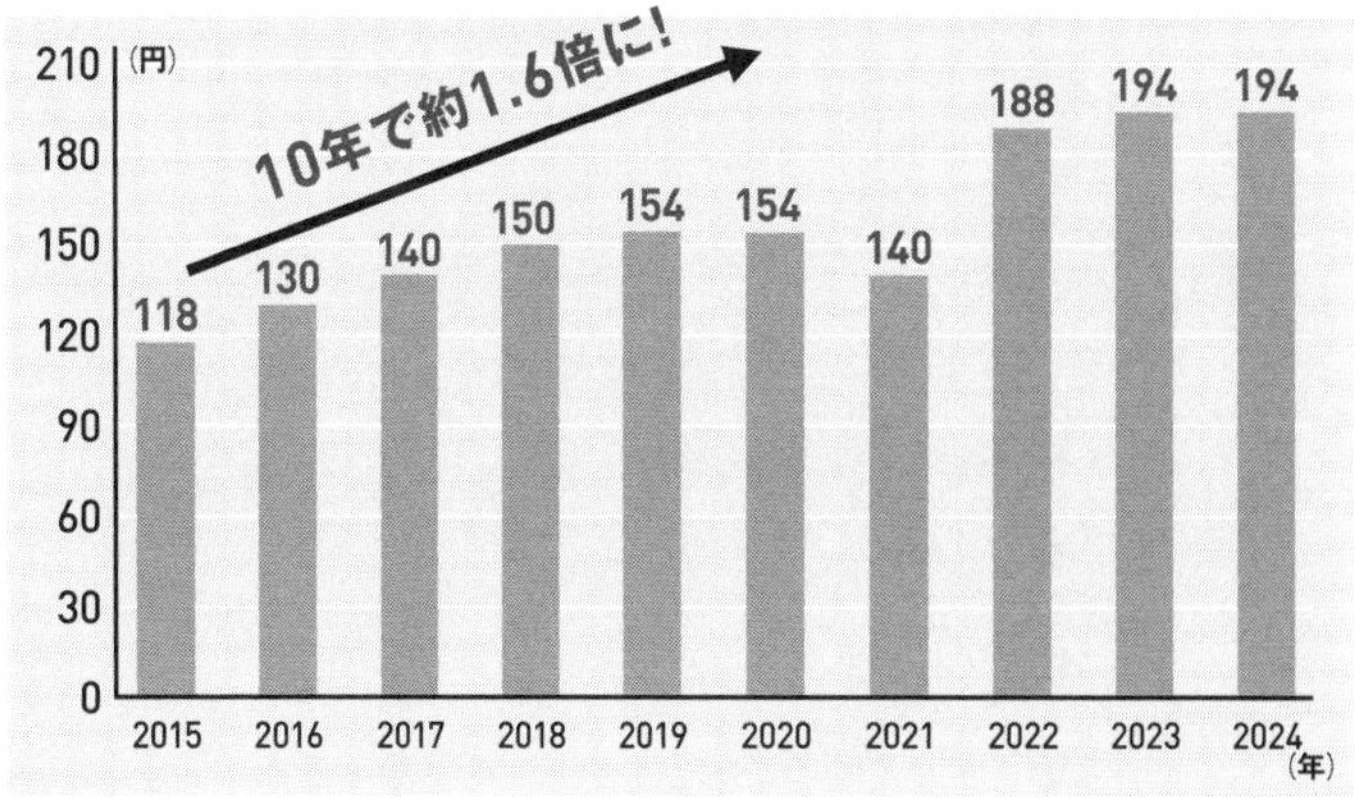

株価を3800円とすると、**配当利回りは「5・1%」となるため、いわゆる「高配当銘柄」となる**のです。

前述の通り、配当株投資では高配当株を買っても増配するとは限りませんが、JTだけは例外と考えています。

その理由は、**たばこ事業に関して「独占的地位」にあるため、高い利益率を維持できる**ことにあります。

【注目ポイント②】
価格転嫁力が高く、営業利益率は20%を超えている

JTは日本専売公社の事業を引き継いで、1985年に設立された財務省所管の特殊会社です。

日本で唯一、たばこの製造と販売が認められている企業であり、**たばこ事業については一社で独占**しています。

価格転嫁に成功して、たばこの値段も上がっており、ここ10年くらいは20%と高い利益率を維持しています。

たばこの製造販売は、景気に左右される事業ではないため、今後も高い利益率を背景に業績を上げ続ければ、増配も十分に期待できると見ています。

配当太郎の視点！

コロナ禍の減配は、企業として「健全」な証拠

個人的には、コロナ禍に減配したことは「英断」だったと思っています。

業績が芳しくない状況で、無理をして高配当性向を堅持する必要はなく、**減配という形で膿を出すことは、企業として「健全」**だと考えています。

今後、大きな増配は望めないかもしれませんが、配当利回りは5％前後で推移していますから、「ちょっと利回りのいい銘柄」を求めるのであれば、十分に投資先の候補になると思います。

銘柄14

ブリヂストン（5108）

最近10年で約2倍に増配！　世界第2位のタイヤメーカー

ブリヂストンは、世界最大級のタイヤ製造&ゴム加工メーカーです。

世界のタイヤ市場に占めるシェアは、フランスのミシュランに次いで第2位、国内シェアは、**住友ゴム（ダンロップ）や横浜ゴム（ヨコハマタイヤ）を大きく引き離して第1位を堅持**しています。

コア事業であるタイヤ製造は、乗用車やトラック、バス、オートバイをはじめ、建築用車両、農業機械用、航空機まで、幅広い分野のタイヤやチューブを手掛けており、多くの人が日常的に接点のある企業です。

最近10年の業績は、2015年12月期の純利益が「2842億円」で、2020年12月はコロナ禍の影響で「－233億円」まで落ち込み、2021年からは3000億円台に戻って、2024年12月期は「3590億円」を見込んでいます。

配当実績を見ると、2015年12月期が「130円」で、その後は段階的に増配して、2019年12月期には「160円」となっていますが、**2020年12月期はコロナ禍で「110円」となり、50円の減配**となっています（図31参照）。

減配後の2021年12月期は「170円」、

図31 ブリヂストンの最近10年の配当金の推移

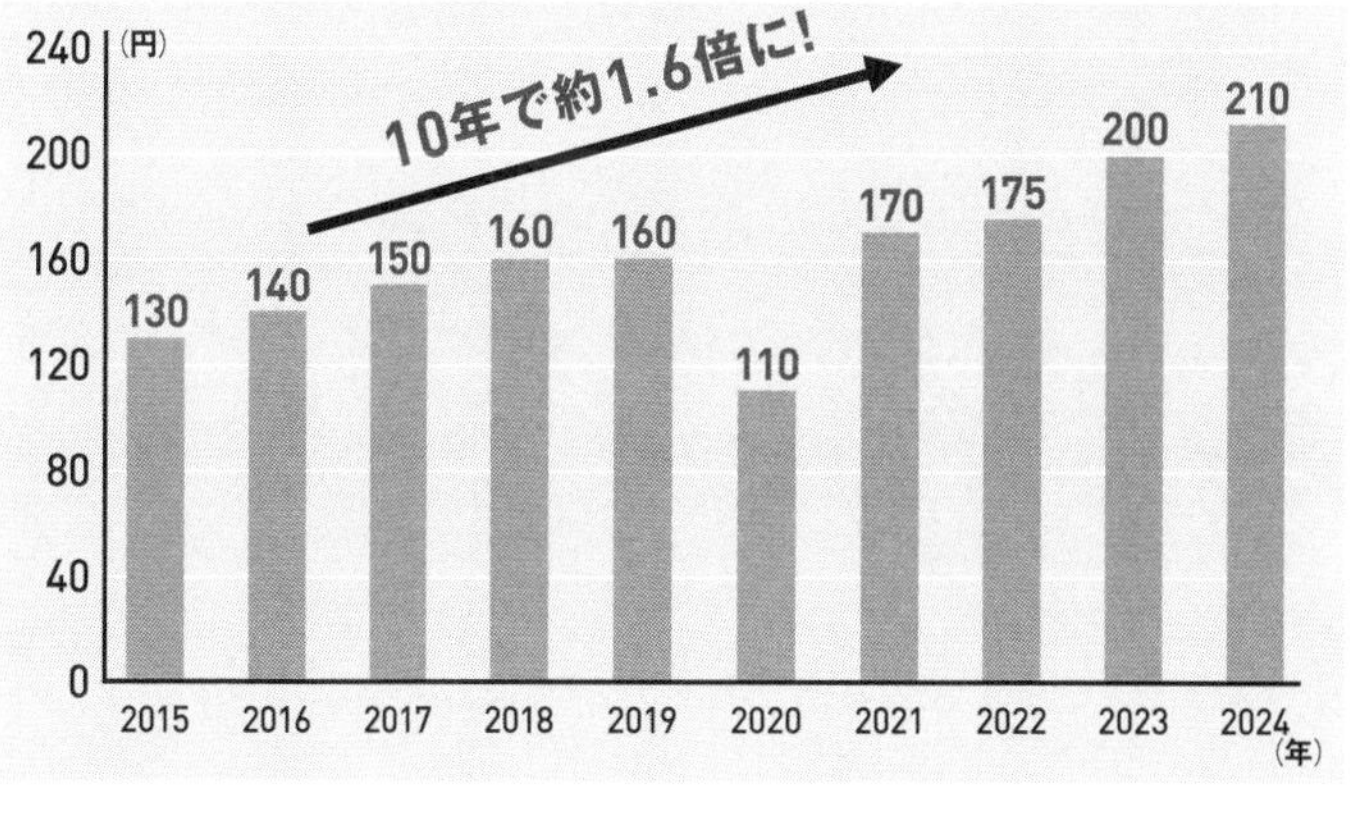

2022年12月期には「175円」と順調に回復しており、2024年12月期は「210円」を見込んでいます。

1株益の推移は、2015年12月期が「363円」で、2020年はコロナ禍の影響で「－33・1円」となっていますが、2021年12月期には「559・6円」に回復しており、2024年12月期は「524・3円」を見込むなど、**1株益もしっかりと伸びています。**

【注目ポイント①】

タイヤは日常生活に必要不可欠な存在

コロナ禍では、経済活動がストップしましたから、クルマは走らない、飛行機は飛ばないという状況になり、それが業績に大打撃を与えました。

世の中の経済活動が平常に戻れば、**タイヤがなくなる生活は想像ができません**から、必要不可欠な存在として業績も回復しています。

【注目ポイント②】

株主還元に前向きなため、増配が期待できる

ゴム製品の製造が主力ですから、資源価格の変動が大きな影響を与えますが、しっかりと価格転嫁ができて、為替の恩恵も受けられる企業と考えています。

配当性向は「40%を目処」にしており、自社株買いを含めて、きっちりと株主還元を考えていますから、業績がさらに上向けば、配当金を増やしていくと見ています。

【注目ポイント③】

需給の関係で株価が大きく揺れ動くことがある

ブリヂストンの株には、為替が円高になったなど、何らかの外的な要因があると、**すぐに売られてしまう**という傾向があります。

そうした需給の関係で、株価は簡単に1~2割くらい変動しますから、**株価が揺れ動くことに耐性ができていないと、意外と持ちづらい側面がある**ように思います。

ブリヂストン株を買って持ち続ける場合は、「需給の関係で株価が大きく動くことがある」とあらかじめ覚悟して、肝を据えて株価の動向を見守ることが大切です。

配当太郎の視点！

タイヤの需要が極端に落ち込むことは想像できない

乗用車でもトラックでも、陸上を走るものにはタイヤが必需品ですから、**爆発的に需要が高まることはなくても、極端に需要が落ち込むことは想像できません。**

ブリヂストンは世界レベルで高いシェアを持っていますから、わざわざ他の業界の株を買うよりも、ブリヂストンを選んでおけば、安心して持ち続けることができます。

株価と相談して、自分が買えると思えば、買い続けていい銘柄だと思います。

今後の株式分割にも期待したいところです。

業種8▼【住宅建設業】

銘柄15

大和ハウス工業（1925）

14期連続で増配している総合住宅のトップ企業

大和ハウス工業は、総合住宅メーカーのトップ企業ですが、建築工事を行う「ゼネコン」的な側面と、土地開発を行う「デベロッパー」的な側面という2つの顔を持っており、幅広い分野で多角的なビジネスを展開しています。

2023年の売上高で見ると、戸建・賃貸住宅、マンション建築の売り上げと、商業施設、事業施設、環境エネルギー事業の売り上げが5対5の比率になっていますから、**ハウスメーカーの枠組みだけでは捉えることはできない企業**といえます。

最近10年の業績は、2015年3月期の純利益が「1171億円」だったのに対して、2024年3月期は「2630億円」と2倍以上になっています。

配当実績は、２０１５年３月期の１株配「60円」から、**着実に増配を続けており、２０２４年３月期は「１４０円」を見込んでいます**（図32参照）。

１株益の推移を見ると、２０１５年３月期の「１７７・７円」から、10年後の２０２４年３月期には「４１１・１円」を見込んでいますから、多少の凸凹はありながらも、着実に右肩上がりで伸びています。

【注目ポイント①】
株主還元に積極的で
「配当余力」は十分にある

配当は２０１１年３月期から14期連続で

図32 大和ハウス工業の最近10年の配当金の推移

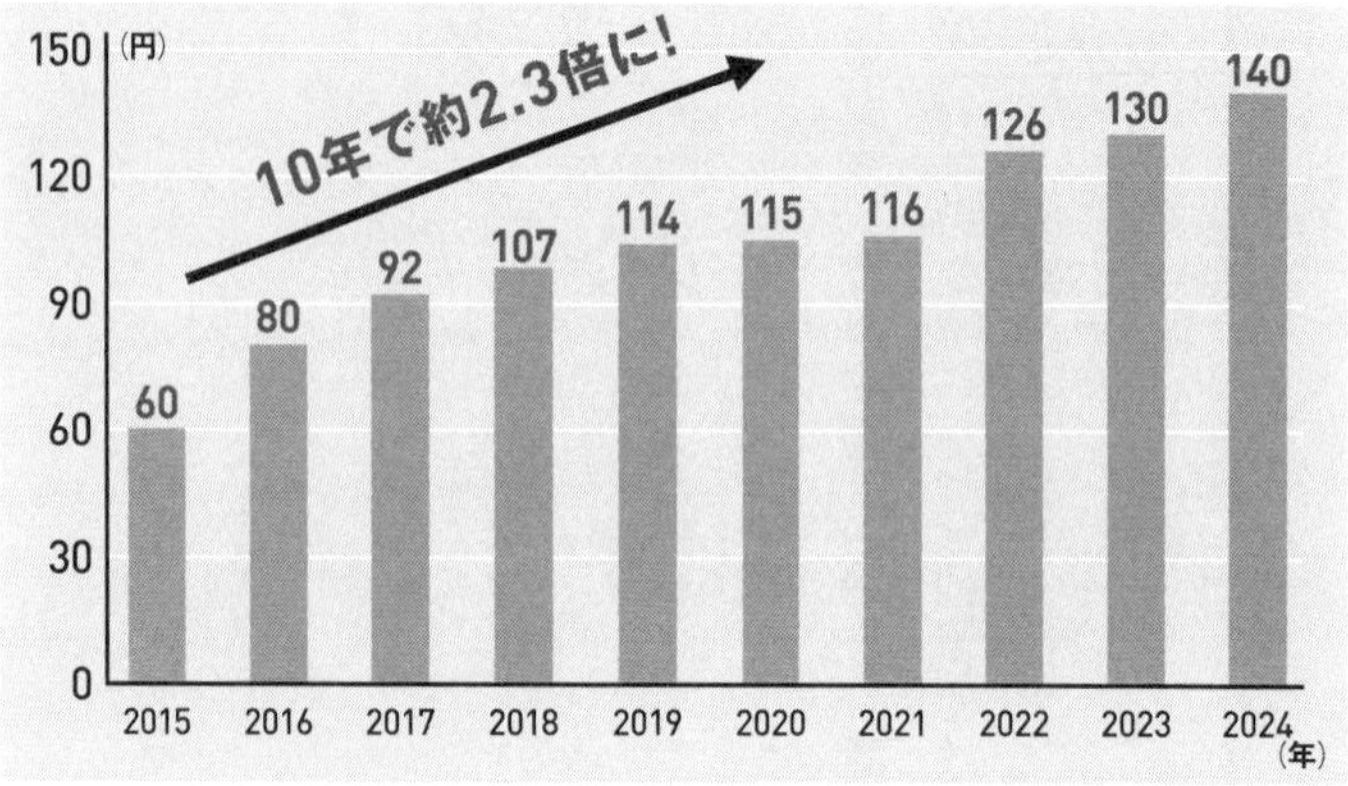

増配しており、**最近10年で4回の自社株買いを実施するなど、株主還元にも積極的な企業**です。

配当性向は２０１６年３月期の「51・2％」を除いて、40％以下で推移していますから、配当余力は十分にあると見ています。

【注目ポイント②】

１９６０年代から幅広く海外事業を展開中

大和ハウス工業は、１９６０年代から海外事業にも積極的に取り組んでおり、アメリカを中心に、オーストラリアやＡＳＥＡＮ諸国など幅広く事業展開しています。

２０２３年３月期の売上高「４兆９０８１億円」のうち、およそ13％となる「６７３９億円」を海外事業が占めています。

配当太郎の視点！

厳しい環境下でも業績を上げる底力がある

中期経営計画によると、大和ハウス工業は２０２７年３月期に売上高５兆５０００

億円（2023年3月期から12％増）、純利益3400億円（同10％増）を目指しています。

国内外の金利の動向を注視する必要がありますが、アメリカを中心とした海外事業でも厳しい環境下で業績を上げる底力がありますから、今後も増配が期待できる銘柄だと見ています。

業種8▼【住宅建設業】

銘柄16 積水ハウス（1928）

13期連続で増配している多角化経営の住宅メーカー

積水ハウスは、大阪市に本社を置く大手の総合住宅メーカーです。

戸建て住宅事業を中心に、都市開発事業や海外での住宅販売にも注力するなど、幅広く事業展開している多角的企業でもあります。

2023~2025年度の第6次中期経営計画によると、次のような4つのビジネスで成長戦略を描いています。

①**「請負型ビジネス」**(戸建住宅、賃貸・事業用建物、建築・土木事業)
②**「ストック型ビジネス」**(賃貸住宅管理、リフォーム)
③**「開発型ビジネス」**(仲介・不動産、マンション、都市再開発事業)
④**「国際ビジネス」**(アメリカ、オーストラリア、イギリス等での住宅事業)

最近10年の業績は、2016年1月期の純利益が「843億万円」だったのに対して、2024年1月期は「2023億円」と2倍以上も伸びており、2025年1月期は「2030億円」を見込んでいます。

配当実績で見ると、2012年1月期から**13期連続の増配**を継続しており、2016年1月期の1株配「54円」と比較して、2025年1月期は「125円」と**2倍以上に増えています**(図33参照)。

1株益の推移は、2016年1月期が「120・2円」で、2025年1月期には「313・3円」を見込んでいますから、**この10年で2・5倍以上の伸び**を示しています。

【注目ポイント①】
1株配の下限を「110円」と明確化

積水ハウスは、**平均配当性向を「40%以上」**、**1株配の下限を「110円」とする還元方針**を打ち出しています。

業績堅調を維持できれば、今後も増配を継続する可能性は十分にあると見ています。

図33 積水ハウスの最近10年の配当金の推移

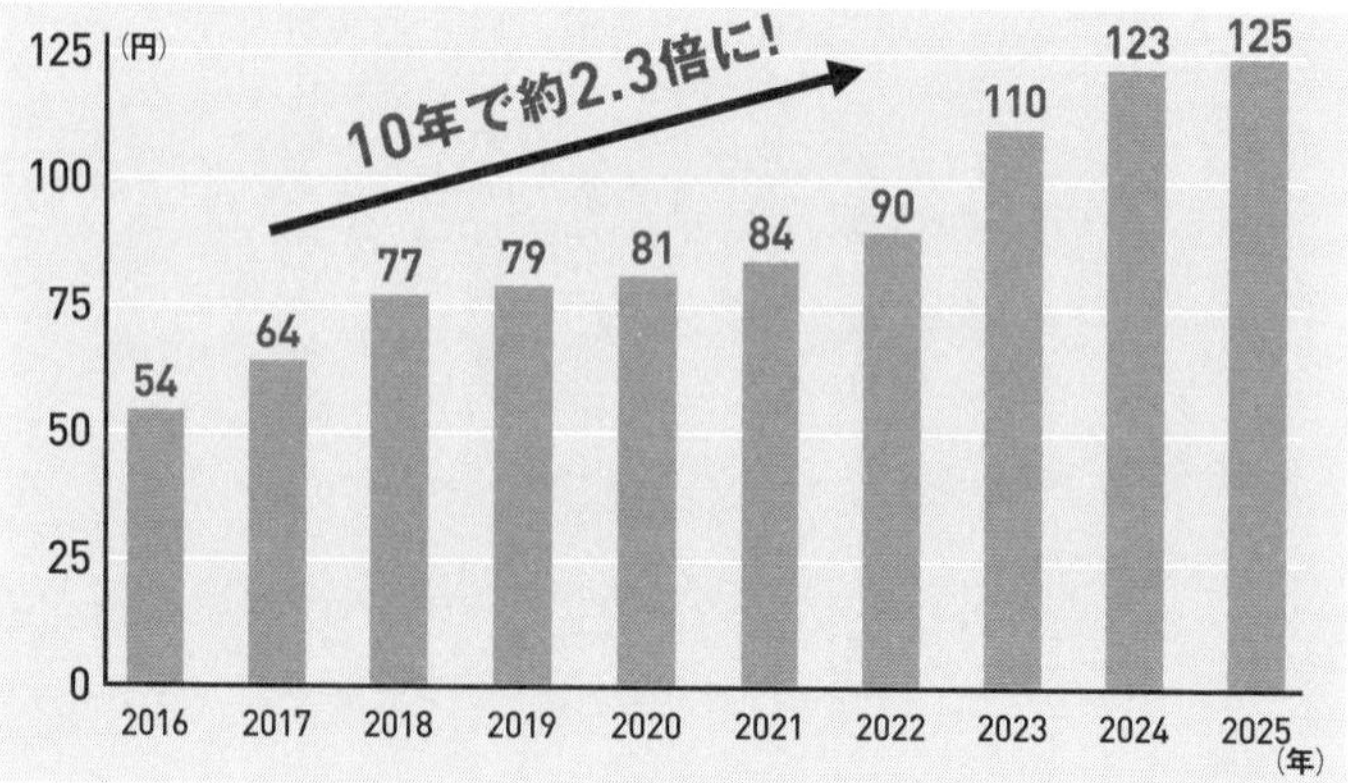

【注目ポイント②】
課題は資材価格高騰の価格転嫁

2024年1月期の決算で、純利益が初めて2000億円を突破しましたが、これはマンションやホテル開発、住宅用地の仲介事業が好調だったためで、**戸建て住宅事業は資材価格高騰の影響を受けて減収**となっています。

今後は価格転嫁を進めて住宅価格の値上げが予想されますから、その動向は注視する必要があります。

配当太郎の視点！

成長戦略が加速化すれば、大きな増配も期待できる

積水ハウスは、2024年1月に**アメリカの住宅会社M.D.C.ホールディングスを約49億ドル（約7300億円）で買収する**と発表して、成長戦略の柱の一つである「国際ビジネス」の強化を図っています。

今後も4つのビジネスがバランスよく成長を続ければ、大きな増配も期待できると考えています。

銘柄17

京セラ（6971）

世界水準の「高度な技術力」を誇る注目銘柄

京セラは、ファインセラミック部品や半導体部品をはじめ、**ありとあらゆる電子部品を扱っている大手電子部品メーカー**です。

グループ企業は約260社におよび、社員数は7万6000人を超えて、グローバルにビジネスを展開しています。

基本的には、「B to B」（企業間の取り引き）の企業ですから、一般的な知名度は高くないかもしれませんが、「京セラドーム大阪」などを通じて、企業名を知っている方もいると思います。

最近10年の業績は、２０１５年４月期の純利益が「１１５８億円」だったのに対して、多少の凸凹がありながらも、２０２３年３月期には「１２７９億万円」に達しており、２０２４年３月期は「１０００億円」を見込んでいます。

配当実績は、２０１５年３月期の１株配が「25円」だったのに対して、**２０２４年３月期は2倍となる「50円」を見込んでいます**(図34参照)。

１株益の推移は、２０１５年３月期が「79円」で、２０２４年３月期は「71円」となる見込みです。

図34 京セラの最近10年の配当金の推移

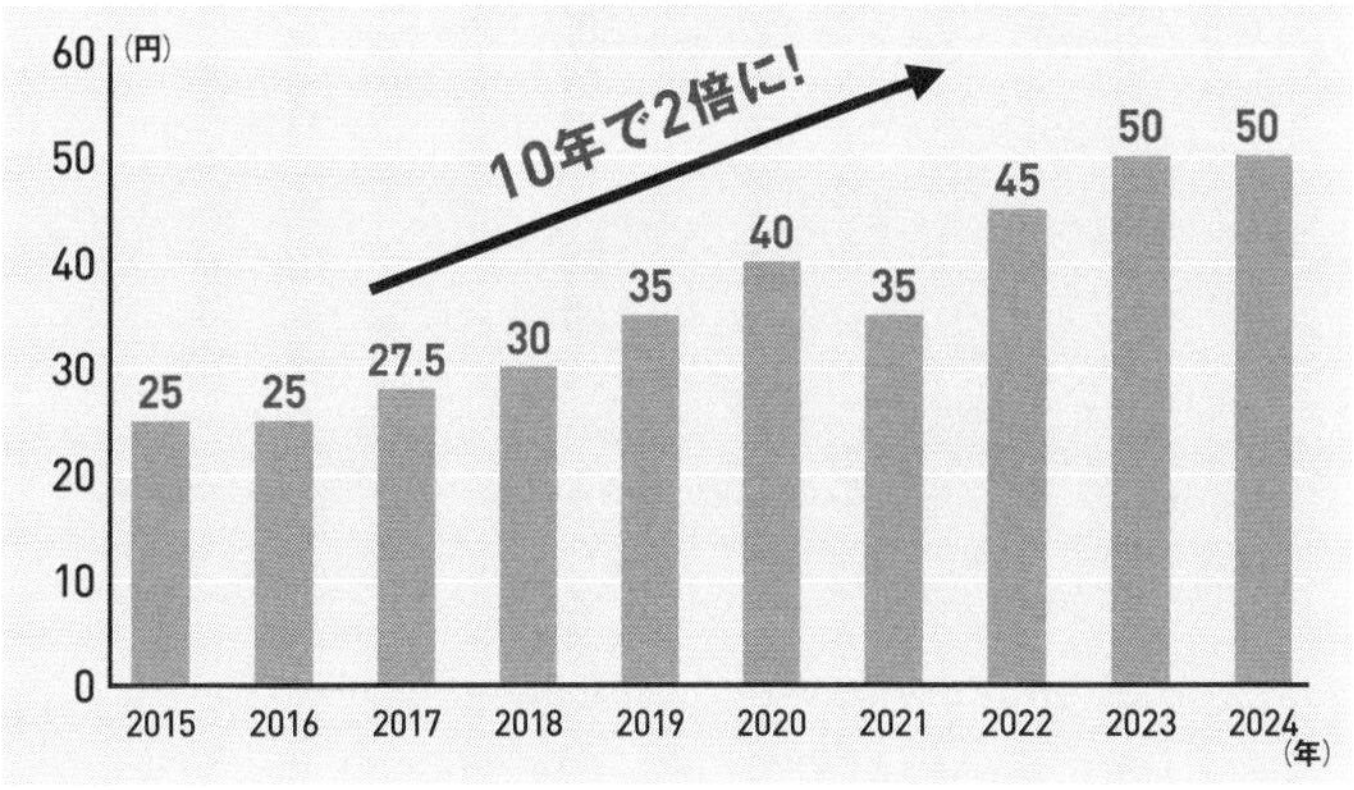

【注目ポイント①】
京セラが所有する「KDDI株」の行方は要チェック

京セラは、キャッシュリッチ（現金や預金など流動性の高い資産を潤沢に保有していること）な企業であり、**積極的に株主還元を実施して、資本効率を高めていこう**……というステージにあります。

私が注目しているのは、京セラが所有している**KDDI株（時価総額1・5兆円）の行方**です。

現在、株式市場では政策保有株の売却が注目を集めており、KDDIの大株主である京セラ（14・55％所有）の場合も同様です。

政策保有株とは、取引先との関係の維持や強化などを目的として、企業が保有する株のことを指します。

京セラが、KDDI株をどのように活用するのか？

その結果として、どんな株主還元を実施するのか？

今後の動向を注視していく必要があります。

【注目ポイント②】

PBR是正のための「増配余地」は十分にある

京セラの場合、PER（株価収益率）は20倍以上と高い水準にありますが、PBR（株価純資産倍率）は1倍割れをしていますから、KDDI株の売却を含めて、**PBR1倍割れ是正のために、株主還元の余地はしっかりある**……と考えています。

現状から判断すれば、今後も増配する可能性は高いといえます。

こうした視点から見ても、非常に興味深い銘柄だと思います。

配当太郎の視点！

「なくてはならない企業」の将来は明るい

「京セラの電子部品がなければ、商品が完成しない」という企業は日本だけでなく、世界中にたくさんあります。

為替の動きに関係なく、利益を積み重ねられる高い技術力を持つ企業ですから、日本のチカラを応援する意味でも、持つ価値は十分にある銘柄と考えています。

銘柄18

信越化学工業（4063）

着実に増配を続けている国内屈指の化学メーカー

信越化学工業は、**塩化ビニル樹脂や半導体シリコンの製造などで世界のトップシェアを誇る国内屈指の化学メーカーです。**

主力事業が汎用《はんよう》化学品や機能性化学品であり、**売り上げの70％以上を海外事業が占めています**から、一般的な知名度は高くありませんが、私たちの生活に不可欠な素材の生産で世界の第1位となっています。

・塩化ビニル樹脂（電線、上下水道のパイプ、壁紙、エコバッグ）
・シリコンウエハー（スマホ、パソコン、電子レンジ、カーナビ）
・合成石英（ビーカー、試験管、スライドガラス）

・合成性フェロモン(有機農業)

最近10年の業績を見ると、2015年3月期の純利益「1286億円」に対して、2024年3月期は「5200億円」と約4倍を見込んでいます。

半導体需要が大きかった2023年3月期には「7082億円」の純利益を上げています。

配当実績は、2015年3月期の1株配が「20円」で、2023年3月期には5倍の「100円」となり、**2024年3月期も「100円」を見込んでいます**(図35参照)。

1株益の推移は、2015年3月期が「60・4円」で、2023年3月期が「347・8円」、2024年3月期は「260・6円」となる見込みです。

【注目ポイント①】

最近10年間で1株益は4倍、1株配も5倍に伸びている

この10年間で1株益は4倍、1株配は5倍になっており、非常にキャッシュリッチな企業で、利益率の高い企業ですから、一般的な知名度はともかく、**長期保有に適した優良銘柄**だと思います。

信越化学がないと、メーカーは商品を作れない……という企業ですから、この先の業績にも抜群の安定感があると考えています。

【注目ポイント②】

長期保有しても何も心配はない

株主還元にも前向きで「**資本政策の一環として重視して、35％前後の配当性向を中長期的な目安に安定的な配当に努めていき**

図35　信越化学工業の最近10年の配当金の推移

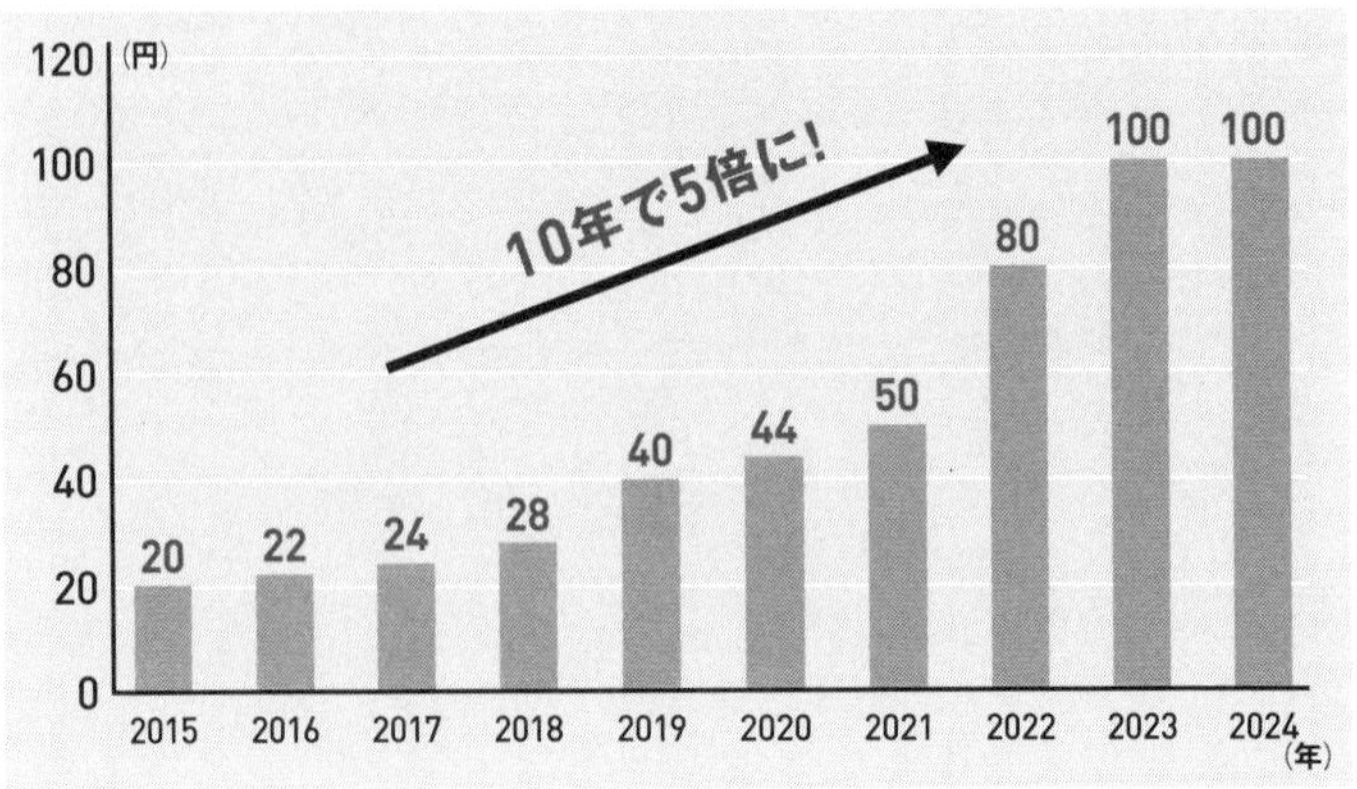

ます」と宣言している企業です。

今後も利益が伸びて、そこに対して35%という水準であれば、1株益が伸びて、1株配も増えていきます。

自社株買いも、しっかりやっている企業ですから、長く持ち続けても何も心配はないと思っています。


配当太郎の視点!

株価が下がるのを待っても買うことはできない

2024年4月1日現在の株価は6352円となっていますが、信越化学工業のような業績が右肩上がりの銘柄は、**株価が下がるのを待っていたのでは、いつまで経っても買うことができません。**

「昔から株を持っている人は、しっかりと持ち続ける」→「利益を取りたい人は積極的に買う」→「少しでも株価が下がったら、多くの人が買う」という3つが揃うことによって、なかなか株価が下がることは期待できないのです。

株価が下がったら買いたいという思いはあるでしょうが、**自分が買えるときに買っておくのがいい**と思います。

業種10▼【化学】

銘柄19 日東電工（6988）

「ニッチ」な領域で圧倒的な強さを発揮している増配銘柄

日東電工は、表面保護フィルムや電気・電子部品用テープ、半導体関連材料などの製造・販売を主な事業としている企業です。

液晶パネルに欠かせない偏光板などの部材で約4割の世界トップシェアを握っており、半導体ウエハ（集積回路）の保護フィルムや、電子部品の製造工程で使われる熱剥《ねっはく》離《り》シートなど、マニアックともいえる領域で世界の頂点に立っているグローバル・カンパニーです。

日東電工は、「**グローバルニッチトップ企業**」を目指して、それを成長戦略にしている企業です。

グローバルニッチトップ企業とは、独自の技術力を武器にして、世界市場の中の「ニッチ(隙間)マーケット」で圧倒的な強さを発揮している企業を指します。

日東電工は、**世界のニッチマーケットで高いシェアを占める**ことによって、堅調な業績を上げて、増配を続けています。

最近10年の業績を振り返ると、2015年3月期の純利益が「778億円」だったのに対して、2022年3月期が「971億円」、2024年3月期は「1000億円」を見込んでいます。

コロナ禍の2020年3月期は「471億円」まで落ち込んでいますが、その後は順調に推移しています。

配当実績は、2015年3月期の1株配が「120円」で、コロナ禍の2020年3月期に2倍近くの「200円」となり、2023年3月期は「240円」、2024年3

月期では「260円」を見込んでいます（図36参照）。

1株益の推移を見ると、2015年3月期が「471・8円」で、2020年3月期は「301・3円」となっていますが、2023年3月期で「738・3円」と2倍以上になり、2024年3月期は「705・2円」を見込んでいます。

【注目ポイント①】

資金的に余裕があれば、持っておきたい銘柄の一つ

日東電工の製品は、世界のサプライチェーン（原材料の調達から生産、流通、

図36 日東電工の最近10年の配当金の推移

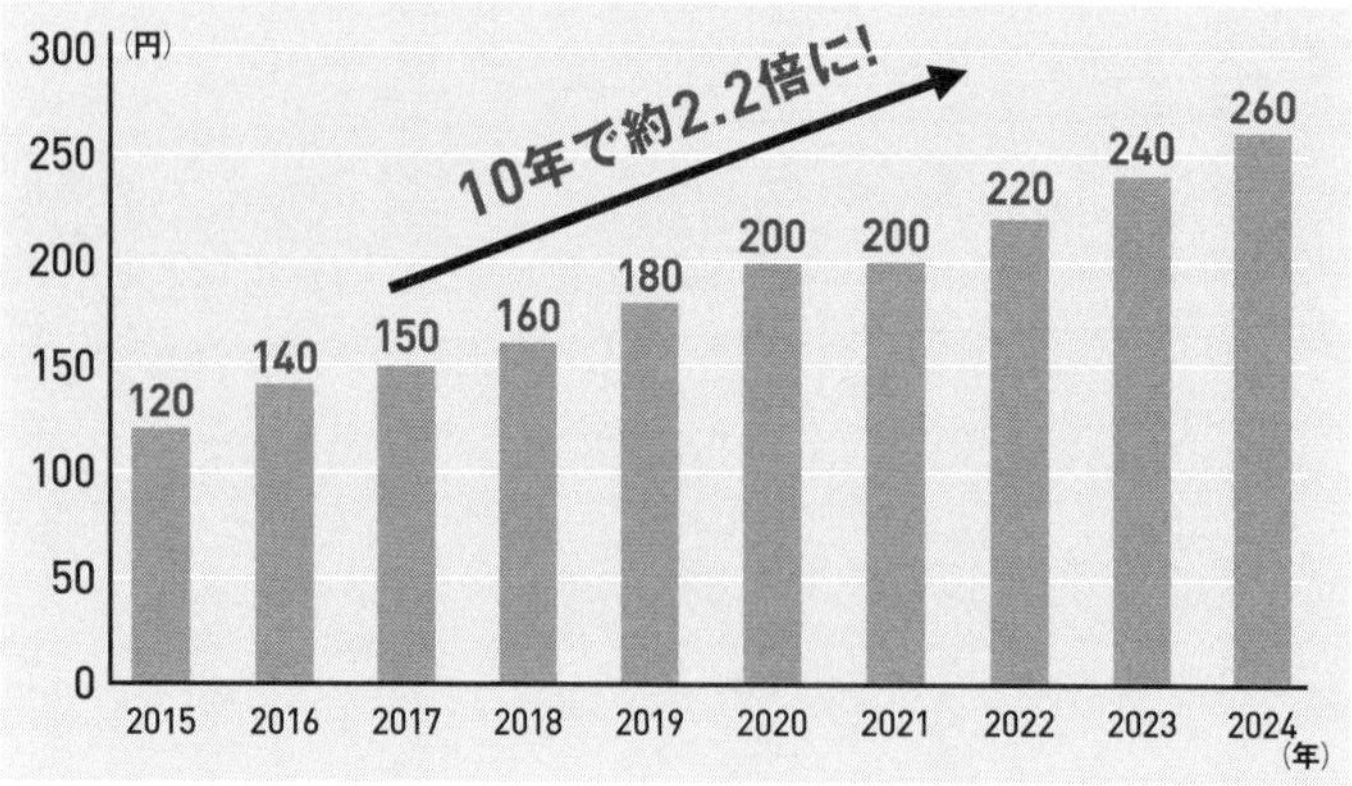

販売までの供給網)にとって「**なくてはならない存在**」と位置づけられています。

1株益が伸びながら、1株配もしっかりと伸ばしていながら、**配当性向は2023年3月期で「32・5%」とそれほど高くありません。**

株価は1万円を超えており、100株の単元価格で100万円以上となりますが、**資金的に余裕があるならば、持っておきたい銘柄**の一つです。


【注目ポイント②】

世界経済の動向に業績が大きく左右される傾向がある

日東電工の場合、信越化学工業や京セラでも同じですが、完成品メーカーではなく、**部品メーカーであるため、世界経済の動向に業績が大きく左右される**傾向があります。

完成品メーカーであれば、トヨタ自動車のように目標販売台数を決めて、その達成に向けて動くことができますが、部品メーカーの場合は、ここ数年の半導体不足のようなことが起こって、大きな影響を受けることになります。

世界経済の動向によっては、機関投資家が業績の悪化を懸念して、持ち株を売却する可能性もあります。

部品メーカーを主力銘柄に入れるのであれば、そうした状況があることも理解しておく必要があります。

配当太郎の視点！

利益が伸びれば、1株配はまだまだ伸びていく！

日東電工の還元方針は、「株主の皆様に対して安定的に利益の還元を行うことを基本にしています」というもので、明確な基準は設けていませんが、過去の1株益の伸びと1株配を見てみれば、**株主を蔑ろにするようなことはなさそうです。**

利益が高まれば、その分を還元する企業ですから、今後も利益が伸びていけば、1株配はまだまだ伸びていくだろうと考えています。

業種11▶【その他金融業】

銘柄20

オリックス（8591）

経営の多角化を進めて、安定的な増配を継続中

オリックスは、パソコンやコピー機などの法人向けリースをはじめ、金融や保険、レンタカー事業、不動産事業、環境エネルギー事業など、**多種多様なビジネスを展開しているマルチ企業**です。

プロ野球のオリックス・バファローズの親会社としても広く知られています。

最近10年の業績を見ると、2015年3月期の純利益は「2349億円」、2019年3月期には「3237億円」に達していますが、2021年3月期は、長引くコロナ禍の影響を受けて「1923億円」となっています。

翌年の2022年3月期には「3121億円」まで回復しており、2024年3月期

は「３３００億円」を見込んでいます。

配当実績は、２０１５年３月期の１株配当が「36円」だったのに対して、２０１９年３月期で「76円」、コロナ禍の２０２１年３月期でも「78円」を維持しており、２０２３年３月期で「85・６円」、２０２４年３月期には「94円」を見込んでおり、**実現すれば10年間で3倍近く**となります（図37参照）。

１株益の推移は、２０１５年３月期が「１７９・５円」、２０１９年３月期が「２５２・９円」、コロナ禍の２０２１年３月期は「１５５・５円」に減少していますが、２０２３年３月期は「２３１・４円」、

図37　オリックスの最近10年の配当金の推移

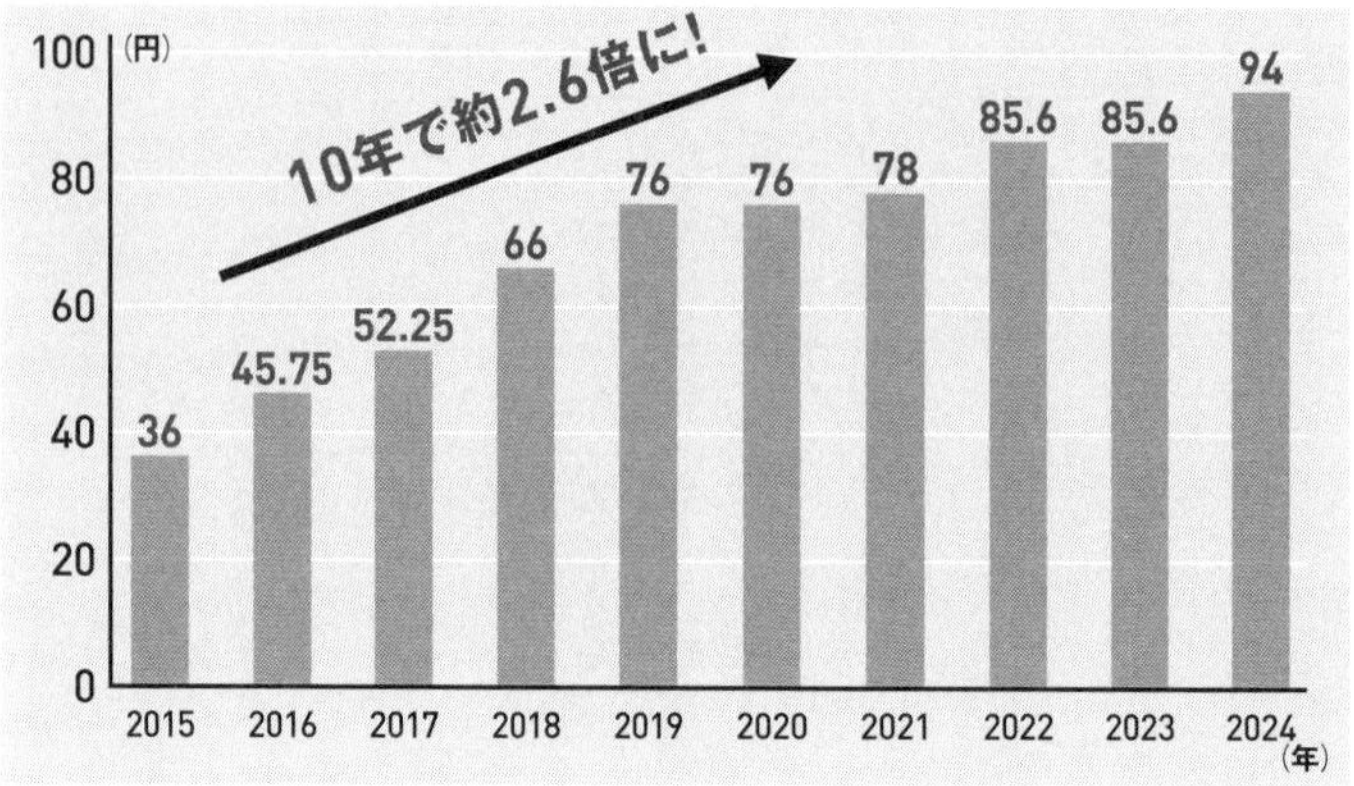

2024年3月期は「285・9円」を見込んでおり、**10年間で大幅に上昇しています。**

【注目ポイント①】
そう簡単には「減配」しない銘柄

1株配の推移を見てわかるように、**オリックスはコロナ禍であっても減配せず、安定的に増配を続けている**銘柄です。

その姿勢は、配当方針でハッキリと示されています。

「当社は、事業活動で得られた利益を主に内部留保として確保し、事業基盤の強化や成長のための投資に活用することにより株主価値の増大に努めてまいります。同時に、**業績を反映した安定的かつ継続的な配当を実施**いたします」

ここまで言い切っていますから、そう簡単に減配することはないと思っています。

【注目ポイント②】
揺るぎない姿勢は十分に信頼に値する

２００８年のリーマン・ショックの際には、株価が90％以上も下落したことがありますが、経営の多角化を進めたことによって、コロナ禍でも減配せず、配当金を出し続けている揺るぎない安定感は、十分に信頼に値すると考えています。

配当太郎の視点！

株主優待が廃止されても、個人投資家に人気の銘柄

個人投資家の間で人気を集めたカタログギフトなどの**株主優待は、２０２４年３月末を最後に廃止**されましたが、安定的な増配銘柄として、現在でも引き続き高い人気を維持しています。

株主優待がなくなっても、そのコスト分を増配や自社株買いに回して、しっかりと株主還元をしていますから、安心して持ち続けられる銘柄だと思います。

業種11▼【その他金融業】

銘柄21

三菱HCキャピタル（8593）

三菱と日立の協力関係を背景に、堅調な業績を続ける

三菱HCキャピタルは、**三菱UFJフィナンシャル・グループの傘下にある大手の総合リース企業**です。

オフィスビルや商業施設、ホテル、物流施設などを対象とした不動産リースやファイナンス事業を中心に、太陽光や風力などの再生可能エネルギー発電事業や環境関連ファイナンス事業など、国内外でリース会社の枠を超えたビジネスを展開しています。

アセットファイナンス(物の販売や調達などに関わる金融)が事業の主軸のため、**業界トップのオリックスとは事業スタンスが大きく異なります。**

最近10年の業績は、2015年3月期の純利益が「440億円」だったのに対して、

２０２４年３月期は「１２００億円」と３倍近くも伸びています。
　コロナ禍の影響を受けて、２０２１年３月期は「５３３億円」に落ち込みましたが、その後は順調に回復しています。

　配当実績は、２０１５年３月期の１株配が「９・５円」で、**コロナ禍の２０２１年３月期でも「25・５円」と増配を続けており、２０２４年３月期には「37円」を見込むなど、最近10年で４倍近くも増えています**（図38参照）。

　１株益の推移を見ると、２０１５年３月期が「49・６円」で、２０２０年３月期が

図38　三菱HCキャピタルの最近10年の配当金の推移

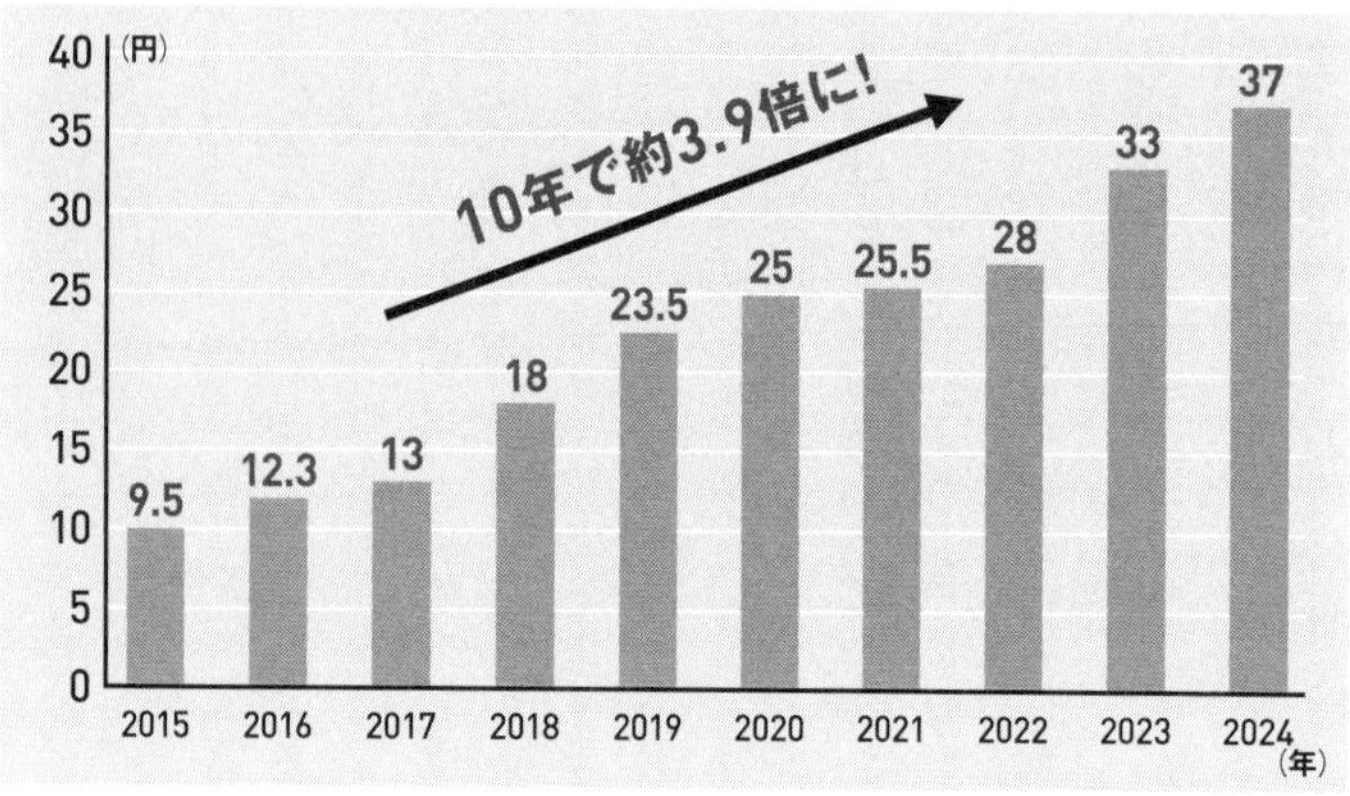

「79・4円」、2021年3月期は「62・1円」に減少していますが、2023年3月期で「81円」、2024年3月期は「83・7円」を見込んでおり、**最近10年で大幅に上昇しています。**

【注目ポイント①】

リスク分散ができる事業内容に発展

三菱HCキャピタルは、2021年に三菱UFJリースが日立キャピタルを吸収合併して新たに誕生した企業です。

三菱UFJリースの強みであった大手企業向けの顧客基盤と、日立キャピタルの強みであった中小企業の顧客基盤や海外事業が合わさったことで、**事業領域が広がって、リスク分散ができる事業内容になっている**と見ています。

【注目ポイント②】

リース業の需要は、今後さらに高まる可能性が高い

最近では、「無駄な資産を持たない」という考え方が企業の主流になっていますから、リース業の需要は今後さらに高まると考えています。

三菱と日立の両グループのニーズを吸収できる立ち位置にあるため、これからも発展する余地は大いにあると思います。

配当太郎の視点！

長期保有すれば増配の恩恵が受けられる銘柄

三菱ＨＣキャピタルは、三菱と日立との協力関係を背景に、きっちりと結果を出しており、**長期保有していけば増配の恩恵を受けられる銘柄**です。

株主還元は配当が中心で、２０２１年３月期以降は配当性向も40％台になっていますから、**引き続き１株益が伸びていけば、増配は十分に期待できる**と思います。

業種12▼【不動産業】

銘柄22

ヒューリック（3003）

最近10年で5倍近くも増配している注目銘柄

ヒューリックは、東京23区を中心としたオフィスや商業ビルなどの賃貸事業を中心として、**不動産投資や不動産開発を展開している不動産デベロッパー企業**です。旧富士銀行の店舗や社宅などを数多く保有しており、みずほフィナンシャルグループとの関係が強いことでも知られています。

最近10年の業績は、2015年12月期の純利益が「336億円」で、2019年12月期は「588億円」に増えており、2024年12月期は「980億円」を見込むなど、**右肩上がりで業績を伸ばしています。**

配当実績は、2015年12月期の1株配が「15・5円」で、2019年12月期には「31・5円」と2倍に増えており、2024年12月期は「52円」を見込むなど、**最近10年で3倍以上も増配しています**（図39参照）。

1株益の推移を見ると、2015年12月期が「52・8円」で、2019年12月期は「88・9円」、2024年12月期には「128・8円」を見込んでおり、こちらも順調な上昇傾向にあります。

【注目ポイント①】「東京一極集中型」が好結果を生み出している

図39 ヒューリックの最近10年の配当金の推移

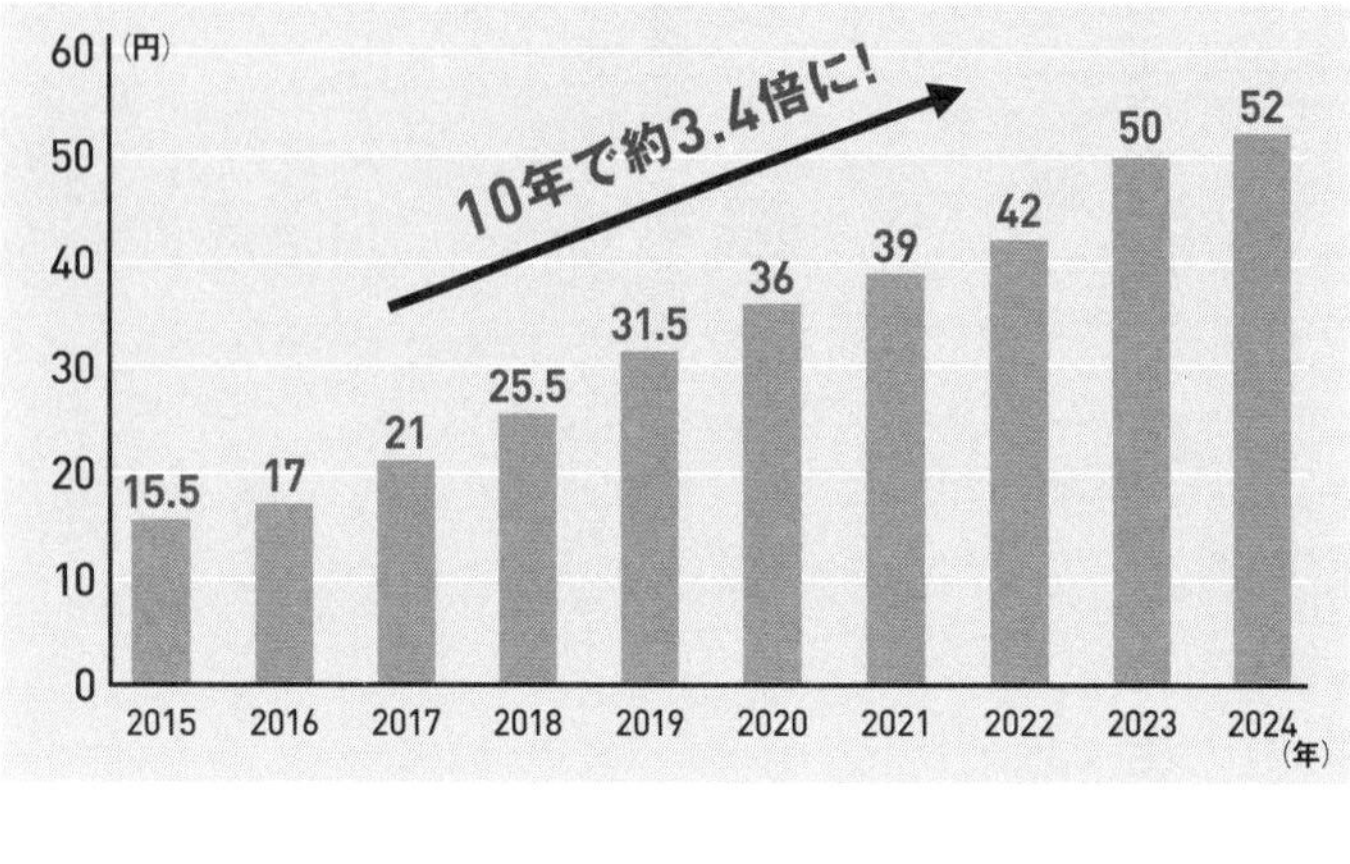

ヒューリックは、東京一極集中型のビジネスを展開しており、最近10年は東京の不動産の価値が上がり、低金利だったことも追い風となって、大幅な業績アップを実現しています。

【注目ポイント②】

有力企業との協力関係が強み

ヒューリックの株主には、明治安田生命、SOMPO保険、東京建物、芙蓉総合リース、安田不動産、沖電気、安田倉庫、みずほキャピタルなど、錚々《そうそう》たる企業が顔を揃えています。

こうした**有力企業と協力関係にあるため、安定的なオフィス需要が見込まれる**という強みを持っています。

配当太郎の視点!

「どこまで業績を伸ばせるのか?」がポイント

ヒューリックは、圧倒的な増配力を持つ企業ですが、今後は金利が上昇する可能性があり、**不動産のゴールデンタイムも終わりを迎えつつある局面に入る**ため、業績の推移を注意深く見守る必要があります。

有力企業との関係でいえば、**政策保有株として売却されることも考えられます**から、こうした点にも目を向けておくことが大切です。

第5章

これから投資するなら どの銘柄? 最高の「組み合わせ」パターン

何を基準にして、
どの株を買えばいいのか?

私が理想的と考える4つの「モデルケース」を紹介

配当株投資では、安定的な配当収入を得るための「地盤作り」が大事なポイントになりますが、新NISAを活用して初めて配当株投資に取り組む人であれば、「**どの株から買えばいいのか?**」と戸惑うことも多いと思います。

最終章では、第4章でお伝えした増配が期待できる22銘柄を、「**どのような組み合わせで買っていくか?**」という視点に立って、私が理想的と考える4つの「モデルケース」を紹介します。

その具体例の紹介に入る前に、これまでお伝えしてきた着眼点を整理することで、地盤作りのために買い進むべき銘柄の「優先順位」を明確にしておきます。

優先順位を見極めるポイントは、次の7つとなります。

①業績が安定している企業
②継続的に増配している企業
③業界のトップかトップ級の企業
④参入障壁が高い業種の企業
⑤1株益が上昇している企業
⑥自社株買いに前向きな企業
⑦自分に馴染みのある企業

これから紹介する4つのモデルケースは、**年間配当金12万円を実現する**ことを想定した組み合わせパターンです。

あくまで一定の目安であり、指針ですから、自分の好みや考え方、予算に応じて、銘柄や持ち株数は自由に入れ替えることが可能です。

ポートフォリオ（投資配分）を最適化するための参考にしてください。

パターン1 最強の「四天王」型

4業界の「稼ぎ頭」を主軸に置いて、強固な地盤を作る

「四天王」型は、銀行、商社、通信キャリア、保険という4つの業界の稼ぎ頭を主軸に置いて、それを地盤作りに活用するという考え方です。

金融で稼ぎ、権益で稼ぎ、国内通信で稼ぎ、保険で稼ぐ……という強力な布陣のラインナップです。

具体的な銘柄を、証券コード順に紹介します（図40参照）。

◆三菱商事（8058）
◆三菱UFJフィナンシャル・グループ（8306）
◆東京海上ホールディングス（8766）
◆KDDI（9433）

私がこのパターンを理想的と考える理由は、先に紹介した7つの優先順位のすべてを満たしており、それを否定する理屈がないことです。

この4企業が数期にわたって利益を上げられない状況になったら、日本経済は終わってしまうだろう……と考えられるくらいの組み合わせだと思います。

図40 「最強の4トップ」で年間12万円の配当金を獲得!

証券コード	銘柄	株価(円)	1株配(円)	配当利回り(%)	株数	取得合計(円)	配当金合計(円)
8058	三菱商事	3,422.0	70	2.05	400	1,368,800	28,000
8306	三菱UFJフィナンシャル・グループ	1,495.0	41	2.74	700	1,046,500	28,700
8766	東京海上ホールディングス	4,623.0	121	2.62	200	924,600	24,200
9433	KDDI	4,453.0	140	3.14	300	1,335,900	42,000
						4,675,800	**122,900**

パターン2 通信キャリア主体の「バランスI」型

日常生活に必要不可欠な「通信キャリア」を中心軸に置く

この「バランスI」型のポイントは、**通信キャリアに重点を置いている**ことと、**基本的には「B to C」（企業と消費者の取り引き）の完成品メーカーを主体にしている**という2点にあります（図41参照）。

◆アサヒグループホールディングス（2502）
◆JT（2914）
◆ヒューリック（3003）
◆京セラ（6971）
◆トヨタ自動車（7203）
◆三菱商事（8058）
◆三菱UFJフィナンシャル・グループ（8306）
◆オリックス（8591）

◆NTT（9432）
◆KDDI（9433）
◆沖縄セルラー電話（9436）

NTTやKDDI、沖縄セルラー電話といった通信キャリアに重点を置いた理由は、きちんと売り上げを伸ばして利益を積み上げながら、資本の効率化を高めて、**株主還元にも積極的に向き合っている**ことです。

国内の通信キャリア市場はすでに飽和状態になっていますから、今後、爆発的に利益が伸びることはないと思いますが、通信キャリアは私たちの日常生活に「**なくてはならない存在**」であり、景気に左右されることもないため、急激に経営が悪化することはないと考えています。

通信キャリア各社には、そうした共通点があることが、**長期投資にふさわしい**と考える一番の根拠といえます。

トヨタ自動車やアサヒ、JTなどの「BtoC」の完成品メーカーを多くしたのは、き

図41 「通信主体」で年間12万円の配当金を獲得!

証券コード	銘柄	株価(円)	1株配(円)	配当利回り(%)	株数	取得合計(円)	配当金合計(円)
2502	アサヒグループホールディングス	5,561.0	132	2.11	100	556,100	13,200
2914	JT	4,080.0	194	4.99	100	408,000	19,400
3003	ヒューリック	1,555.5	52	3.32	100	155,550	5,200
6971	京セラ	2,004.0	50	2.48	100	200,400	5,000
7203	トヨタ自動車	3,639.0	65(見込み)	2.25	100	363,900	6,500
8058	三菱商事	3,422.0	70	3.01	200	684,400	14,000
8306	三菱UFJフィナンシャル・グループ	1,495.0	41	3.26	500	747,500	20,500
8591	オリックス	3,160.0	94	3.47	100	316,000	9,400
9432	NTT	176.7	5	2.85	2,000	353,400	10,000
9433	KDDI	4,453.0	140	3.03	100	445,300	14,000
9436	沖縄セルラー電話	3,565.0	110	3.14	100	356,500	11,000
						4,587,050	**128,200**

ちんと消費者のニーズをキャッチしている企業ですから、今後も業績を上げ続ける可能性が高いと判断したためです。

通信キャリアと完成品メーカーという両輪によって、バランスを取ることを狙っています。

京セラが入っているのは、日本の部品メーカーがないと、世界中の企業が製品を作れなくなるため、今後も業績を伸ばす可能性が高いと考えているからです。

パターン3 各業界の主力級を揃えた「バランスII」型

不動の四番バッターを組み入れて、継続的な増配を目指す

「バランスII」型の特徴は、通信キャリアや銀行、商社、メーカーなど、さまざま業界のトップ級の企業を横断的に組み入れています。

NTTや三菱UFJ、トヨタ自動車、三菱商事といった各業界の超大型銘柄がズラ

リと顔を揃えています。
そのラインナップは、次の通りです（図42参照）。

◆大和ハウス工業（1925）
◆キリンホールディングス（2503）
◆京セラ（6971）
◆トヨタ自動車（7203）
◆ヤマハ発動機（7272）
◆伊藤忠商事（8001）
◆三菱商事（8058）
◆三菱UFJフィナンシャル・グループ（8306）
◆東京海上ホールディングス（8766）
◆NTT（9432）
◆KDDI（9433）

図42 「各業界の主力」で年間12万円の配当金を獲得!

証券コード	銘柄	株価(円)	1株配(円)	配当利回り(%)	株数	取得合計(円)	配当金合計(円)
1925	大和ハウス工業	4,424.0	140	3.16	100	442,400	14,000
2503	キリンホールディングス	2,173.0	71	3.27	100	217,300	7,100
6971	京セラ	2,004.0	50	2.50	100	200,400	5,000
7203	トヨタ自動車	3,639.0	65(見込み)	1.79	200	727,800	13,000
7272	ヤマハ発動機	1,440.0	50	3.47	300	432,000	15,000
8001	伊藤忠商事	6,435.0	160	2.49	100	643,500	16,000
8058	三菱商事	3,422.0	70	2.05	100	342,200	7,000
8306	三菱UFJフィナンシャル・グループ	1,495.0	41	2.74	400	598,000	16,400
8766	東京海上ホールディングス	4,623.0	121	2.62	100	462,300	12,100
9432	NTT	176.7	5	2.83	1,000	176,700	5,000
9433	KDDI	4,453.0	140	3.14	100	445,300	14,000
						4,687,900	**124,600**

基本的には不動の四番バッター級の顔ぶれとなっており、入れ替えを検討するならば、**大和ハウス工業を積水ハウスに、京セラを信越化学工業か日東電工に変更する**ことも可能です。

この銘柄であれば、継続的に増配の恩恵を受けられるだろう……と考えられる強力なラインナップになっています。

パターン4 「増配＋利回り重視」型

利回りが良く、安定的な増配が受けられる布陣

「増配＋利回り重視」型は、単純に配当利回りがいい銘柄をピックアップするのではなく、今後も安定的な増配が期待できる銘柄を選んでいます。

配当利回りのいいJT、ヤマハ発動機、三菱HCキャピタルをはじめ、三菱商事、三菱UFJ、三井住友など、安定感のある増配銘柄が目白押しです（図43参照）。

図43 「増配+高利回り」で年間12万円の配当金を獲得!

証券コード	銘柄	株価(円)	1株配(円)	配当利回り(%)	株数	取得合計(円)	配当金合計(円)
1928	積水ハウス	3,482.0	125	3.59	100	348,200	12,500
2914	JT	4,080.0	194	4.75	100	408,000	19,400
5108	ブリヂストン	6,738.0	210	3.12	100	673,800	21,000
7272	ヤマハ発動機	1,440.0	50	3.47	300	432,000	15,000
8058	三菱商事	3,422.0	70	2.05	100	342,200	7,000
8306	三菱UFJフィナンシャル・グループ	1,495.0	41	2.74	100	149,500	4,100
8316	三井住友フィナンシャルグループ	8,599.0	270	3.14	100	859,900	27,000
8593	三菱HCキャピタル	1,026.5	37	3.61	300	307,800	11,100
9436	沖縄セルラー電話	3,565.0	110	3.09	100	356,500	11,000
						3,877,900	**128,100**

◆積水ハウス（１９２８）
◆ＪＴ（２９１４）
◆ブリヂストン（５１０８）
◆ヤマハ発動機（７２７２）
◆三菱商事（８０５８）
◆三菱ＵＦＪフィナンシャル・グループ（８３０６）
◆三井住友フィナンシャルグループ（８３１６）
◆三菱ＨＣキャピタル（８５９３）
◆沖縄セルラー電話（９４３６）

配当利回りが良く、安定的に増配が期待できる銘柄が揃っていますから、このラインナップを目指せば、目標配当金に向かって着実に歩みを進めることができます。

「完成形」のイメージを持って地道に株を買い進めることが大切

これら4つの組み合わせパターンは、どれを選択した場合でも、**投資額は400万円から500万円くらい**は必要になります。

一度にすべての銘柄を揃えようと考えるのではなく、あくまでも「完成形」のイメージとして考えて、各銘柄を地道に買い進めていけば、自分の目標配当金に向かってまっすぐに突き進むことができます。

大事なポイントは、自分の考え方や経済事情と相談しながら、選択したパターンの中の主力銘柄を先に買い続け、**ある程度の「核」ができて、さらに余裕があれば、それ以外の銘柄を買う**……というスタイルを維持していくことです。

まずは主力銘柄を優先的に考え、その時どきの株価に応じて、自分の予算に見合った銘柄を選んでいけば、淡々と配当株投資を継続することができます。

何度も繰り返しお伝えしますが、「**無理のない範囲で、淡々と買い続ける**」ことが、長期投資である配当株投資を続ける唯一の「コツ」になります。

預貯金や退職金などで、1000万円くらいのまとまった資金を持っている人であれば、自分に合ったパターンを選んで、株数を2〜3倍に増やして購入すれば、すぐに地盤を完成させることができます。

あれこれと工夫しながら、自分が理想的と思えるようにポートフォリオをアレンジしていくことも、配当株投資の醍醐味の一つといえます。

おわりに

株価に対して「鈍感になる」ことの意味と意義

配当株投資を始めた人が、最初に陥る「罠《わな》」は何だと思いますか？
私も含めて、誰もが一度は経験するのが、「**株価の罠**」です。

自分が買った株が値上がりしているのを見ると、「いま売れば、利益が出るな。含み益が出ているのに、このままではもったいない」という思いに駆られ、せっかく買った株を手放して、**一刻も早く利益を確定させたくなります。**

それとは逆に、株価が下落しているのを目にすると、「いま売らなければ、含み損が出てしまうかも……」と考え始めて、**慌てて株を売りたくなってしまいます。**

これが、「株価の罠」の正体です。

私は本書の中で、「**配当株投資に株価の概念を持ち込んでも意味がない**」とお伝えしましたが、それは株価の罠に陥らないことを意図しています。

どちらの場合も、**せっかくの「金のなる木」を手放す**ことになり、後になって買い戻そうと思ったときには、最初に買ったときより株価が上がっていたりするものです。

市場原理が働いて、多くの人が株を買えば株価は上昇します。

何らかの外的要因だけでも、簡単に株価は下がります。

そうした局面に遭遇して、そのたびに売り買いを繰り返していたのでは、いつまで経っても目標に到達できないだけでなく、メンタルをやられてしまうことになります。

配当株投資では、購入した株は「ゴリラ握力」でガッチリと持ち続けることが基本ですから、株価の動きに一喜一憂するのではなく、どちらかといえば「**鈍感**」**になるくらいがちょうどいい**と思っています。

鈍感になるというのは、株価に無関心になったり、見ないフリを装うことではなく、株価に対して、いちいち動揺しない……ということです。

大切なのはあくまで企業の業績であり、株価の上下動に条件反射のように反応していると、次第に配当株投資の本質を見失うことになります。

株価が上がるということは、多くの場合、その企業がそれだけ稼いでいることを意味しますから、増配の可能性が高まっている……ということです。

株価が下がっていたら、懐事情と相談しながら、むしろ積極的に買っていけば、得られる配当金を増やすことにつながるのです。

新NISAを活用して、これから配当株投資を始める人であれば、近い将来に必ず「株価の罠」と遭遇することになると思います。

その存在を事前に知っておけば、株を手放して、後で泣きたくなるような事態を避けることができます。

配当株投資は理論よりも「気持ち」が大事

私が配当株投資の大きな魅力と考えているのは、株を買って株主になれば、誰でも「平等」な権利が得られることです。

日本を代表するような大企業で働いていても、得られる給料は人によって違いますが、**株主になってしまえば、誰でも平等に配当金を受ける権利が得られます。**基本的な権利や増配率は誰でも同じで、持ち株数に応じて、配当金が還元されます。

私が本書の冒頭で、「配当株投資は最高ですよ！」とメッセージを贈った理由はここにあります。

100人が始めたら、100人が同じように結果を得られますから、配当株投資というのは、再現性の高い株式投資と見ることができます。

本書を最後までお読みいただいた方であれば、難しい投資理論や高等テクニックは、一つもなかったことを確認していると思います。

配当株投資で大事なのは、理論よりも「気持ち」です。

基本的な考え方や取り組み方さえ知っておけば、あとは、「**株を買って、保持する気持ち**」、「**株数を増やしていく気持ち**」、「**企業努力を信じる気持ち**」を持ち続けることによって、企業が増配するのを楽しみに待つ……というのが、配当株投資の理想的なスタイルです。

慌てずに継続していけば、いつか必ず目標を達成する日がやってきますから、「待てば海路の日和あり」と考えて前向きに取り組むことが大切です。

できるだけ早く第一歩を踏み出す

新NISAは、2024年にスタートしたばかりですが、私はこの制度がいつまで継続されるのか、少し懐疑的な目で見ています。

非課税保有期間は無期限になっても、**この制度を無期限に続けるとは、どこにも明記されていません。**

18歳未満が利用できる「ジュニアNISA」が、いきなり廃止になったという前例もありますから、悠長に構えていたら、「やっぱり無税ではなく、5年後から10%の課税に変更します」などということが、意外に起こるような気がしています。

新NISAには、「**少子高齢化で年金は増やせないから、老後の生活は自分で何とかしてくださいね**」という国のメッセージが込められていることは、誰もが認識していると思います。

国から言われるまでもなく、本当に自分で何とかしなければいけない状況であることは、多くの人が感じているのではないでしょうか。

決して無理をする必要はありませんが、もし可能であれば、**1200万円の非課税投資枠（成長投資枠）は5年で使い切るくらいの勢い**でロケットスタートを切るなど、最大限の工夫をすることが大切です。

それが不可能であれば、できるだけ早く第一歩を踏み出すことです。

素早く始めれば、**個人投資家の一番の武器である時間軸を、その分だけ有効に活用することができます。**

配当株投資は長期投資を前提としていますから、早くスタートを切ることは、それだけ多くのアドバンテージを生み出すことができるのです。

本書をお読みくださった方が、楽しみながら工夫を続けて、目標とする年間配当金に到達できることを心から願っています。

この本が、配当株投資の「道標《みちしるべ》」になれば、これほど嬉しいことはありません。

カバーデザイン
金澤浩二

本文デザイン・DTP
鳥越浩太郎

カバー・本文イラスト
川原瑞丸

編集協力
関口雅之

［著者略歴］

配当太郎（はいとう・たろう）

投資家。学生時代に株式投資を始め、リーマン・ショックを経て、配当株投資に目覚める。大型株を中心に投資し、保有銘柄の9割は配当金が年々増える「増配銘柄」が占める。Xのフォロワーは15万人超。毎日、配当株投資に関する情報を発信している。著書に『年間100万円の配当金が入ってくる最高の株式投資』（小社刊）。

新《しん》NISA《にーさ》で始《はじ》める！ 年間《ねんかん》240万円《まんえん》の配当金《はいとうきん》が入《はい》ってくる究極《きゅうきょく》の株式投資《かぶしきとうし》

2024年5月11日　初版発行
2024年5月27日　第4刷発行

著　者　配当太郎

発行者　小早川幸一郎

発　行　株式会社クロスメディア・パブリッシング
〒151-0051 東京都渋谷区千駄ヶ谷4-20-3 東栄神宮外苑ビル
https://www.cm-publishing.co.jp
◎本の内容に関するお問い合わせ先：TEL（03）5413-3140／FAX（03）5413-3141

発　売　株式会社インプレス
〒101-0051 東京都千代田区神田神保町一丁目105番地
◎乱丁本・落丁本などのお問い合わせ先：FAX（03）6837-5023
service@impress.co.jp
※古書店で購入されたものについてはお取り替えできません

印刷・製本　中央精版印刷株式会社

　ISBN978-4-295-40963-2　C2033